Serge Bombay

Aimer, Devoir d'un commandement nouveau

Serge Bombay

Aimer, Devoir d'un commandement nouveau

Aimer comme Christ a aimé

Éditions Croix du Salut

Imprint
Any brand names and product names mentioned in this book are subject to trademark, brand or patent protection and are trademarks or registered trademarks of their respective holders. The use of brand names, product names, common names, trade names, product descriptions etc. even without a particular marking in this work is in no way to be construed to mean that such names may be regarded as unrestricted in respect of trademark and brand protection legislation and could thus be used by anyone.

Cover image: Fourni par l'auteur

Publisher:
Éditions Croix du Salut
is a trademark of
International Book Market Service Ltd., member of OmniScriptum Publishing Group
17 Meldrum Street, Beau Bassin 71504, Mauritius

Printed at: see last page
ISBN: 978-613-7-36973-9

AIMER, DEVOIR D'UN COMMANDEMENT NOUVEAU

AIMER COMME CHRIST
A
AIME

Serge BOMBAY B.

Dédicace

A Dieu le Père, qui est Amour, A Jésus Christ mon Seigneur et Sauveur qui m'aime tant et à Dieu le Saint Esprit qui répand dans mon coeur l'amour de Dieu.

A ma très chère amie et tendre épouse Lydie Kimbasi M. qui m'a soutenu dans toutes les épreuves et m'a stimulé par l'ardeur de sa foi et de son amour.

A tous mes frères et sœurs dans la foi, car sans leur appui, nous n'aurions jamais pu arriver jusqu'au bout.

Table des Matières

PREMIERE PARTIE

INTRODUCTION

L’amour constitue un sujet vaste et complexe à traiter. Le mot ‘amour’ est utilisé de façons différentes et peut évoquer tout un éventail de significations. L’utilisation du verbe aimer renvoie à une grande variété de sentiments, d'états et de comportements pour exprimer soit un plaisir général lié à un objet, à une activité, une attirance profonde ou intense pour une ou plusieurs personnes. Le problème sémantique, ainsi que la conception et l’expression dans les différentes cultures contribuent aussi à la complexité du verbe aimer et de son amour.

De tous les temps l’amour a toujours été considéré comme un code moral. En tant qu’être humain l’amour nous caractérise et son absence nous affecte d’une façon dramatique. Son expression la plus sublime se trouve dans le livre de Cantiques 8 : 6-7. L’amour est tellement fort qu’aucune puissance si dévastatrice soit-elle, aucune arme si destructive soit-elle ne saurait le vaincre. L'humanité toute entière est en proie à l'amour ; tout être humain est en quête de l'amour. Nous naissons avec les dispositions à aimer et nous attendons à être aimé en retour.

Fort malheureusement, le substantif amour et son verbe aimer sont les plus profanés et dévalorisés depuis la nuit des temps. De nos jours il est tout aussi malheureux de remarquer que nos rapports souffrent de querelles, d'intolérance, et d'isolement. Au nom de l'amour des populations sont tuées, des suicides sont commis. Que des foyers décomposés et des cœurs brisés, des sociétés anéanties, et notre monde déstabilisé. Nous bâtissons nos relations de famille, de groupes, et même de mariages qui se brisent bien que les promesses d'amour ont étés faites.

La race humaine tout entière se trouve en un moment de crise extrême. La bible nous décrit les temps actuels dans *2*

Timothée 3 comme difficiles par rapport à l'amour en disant : *« Sache que, dans les derniers jours, il y aura des temps difficiles. Car les hommes seront égoïstes, amis de l'argent, fanfarons, hautains, blasphémateurs, rebelles à leurs parents, ingrats, irréligieux, insensibles, déloyaux, calomniateurs, intempérants, cruels, ennemis des gens de bien, traîtres, emportés, enflés d'orgueil, aimant le plaisir plus que Dieu. »*. Ce texte décrit la ruine morale des derniers temps. Il est ici question de l'effondrement de toutes les valeurs qui constituent le code de moralité. Tous les qualificatifs ci-haut cités sont contraires à l'amour, et ne peuvent se manifester qu'en l'absence de celui-ci.

Considérant les chiffres de plus en plus élevés de la violence partout dans le monde nous pouvons dire que le mystère de l'iniquité est déjà à l'œuvre. Et l'amour du plus grand nombre se refroidissant, le cœur de l'homme produit toute sorte des pratiques destructrices : meurtre, vol, viol, corruption, chantage, licence sexuelle, drogue… ces faits sont l'illustration de cette ruine morale dans nos sociétés aujourd'hui. Nous comprenons combien grave est l'effondrement moral. L'on est de plus en plus angoissé, désespéré et effrayé du fait que l'homme se déshumanise davantage ; l'homme est devenu un problème majeur pour son semblable.

Alors que les discours sur l'amour et la charité ne manquent pas dans tous les cas, nous avons de partout dans le monde beaucoup d'organisations caritatives, pour promouvoir la paix et l'intégration sociale. Mais la réalité au quotidien nous donne sans doute un autre son de cloche.

'Aimer' redevient une question pour tous. Qu'est-ce que l'amour donc si tout ce que nous faisons au nom de l'amour ne suffit pas pour éradiquer toutes ces violences aveugles et inutiles ? Pourquoi tant de divorces? Pourquoi tant de guerres ? Pourquoi tant de violence ? Est-ce que l'amour existe réellement? Celui qui aime est-il capable du moindre mal ?

Notre but est donc de tenter de redéfinir l'amour selon la parole de Dieu et de voir quel rôle l'église doit jouer. Ouvrir un débat sincère sur ce commandement de Dieu dans la communauté des chrétiens, déterminer l'objet de son action, décrire la responsabilité de tous par rapport à l'amour, et aussi encourager l'amour comme code de conduite. Et enfin faire que '*AIMER*' devienne l'inspiration de nos vies.

PREMIERE PARTIE

CHAPITRE UN
DEFINITIONS

1. Définitions de l'amour selon les dictionnaires usuels

a. *« Inclination envers une personne, le plus souvent à caractère passionnel, fondée sur l'instinct sexuel mais entraînant des comportements variés »* Le Robert

b. *« Sentiment très intense, attachement englobant la tendresse et l'attirance physique entre deux personnes selon »* Larousse.

Pour la race humaine en générale nous attendons un amour mystérieux, celui qui produit un vibrant plaisir. Un amour, fortement associé à l'attrait physique et à une sorte de célébration du plaisir et des désirs qui ne demandent qu'à être assouvis. Un amour qui évoque irrésistiblement la passion et les tendres émotions. Mais à la lumière de la parole de Dieu nous pouvons arriver à saisir l'amour dans son essence.

2. Définitions de l'amour selon la Bible

Dans la bible il y a différents mots tirés de l'hébreux et du grec qui sont utilisés pour exprimer l'amour de manière très précise. A partir de ces vocables nous chercherons à trouver une signification correcte de l'amour vue son importance pour Dieu et pour l'être humain. Car, Il nous importe beaucoup de ne pas nous tromper sur l'amour. C'est vital de chercher à savoir quel sens ont le verbe 'aimer' et son substantif 'amour' selon qu'ils apparaissent dans la bible afin de mieux le comprendre.

3. Les mots qui traduisent l'amour dans l'Ancien Testament

a. HaHaBaH du verbe אהב = 'AHaB est un terme Hébreu qui peut être traduit en français par 'aimer', il désigne entre autres :

   1. Amour conjugal, familial (pour indiquer la relation d'amour dans un couple et au sein de la famille)
   2. Amour humain pour quelque chose: Il décrit le plaisir qu'une personne éprouve pour la nourriture, la boisson, le sommeil etc.
   3. Amour pour Dieu
   4. Amour de Dieu pour les hommes, comme individus, comme peuple

b. RéHéM (aimer de tendresse, de miséricorde, pardonner) ; il exprime un amour qui pardonne

c. 'HèN (aimer de pitié, compatir) : montrer de la compassion, être compatissant.

d. 'HéSéD (amour de bonté, don de grâce traduit souvent par miséricorde) est l'amour constant, la bienveillance divine dans le cadre de l'alliance avec Israël ;

e. HèMèTh (amour de fidélité, de certitude, d'où le mot Vérité) [*Lexique des mots hébreux*]

Ces différents aspects, soulignent tout autant le côté affectif (penchant, sentiments) que le côté fidélité, engagement de l'amour. Ils nous révèlent que 'aimer' est une action inspirée par la bienveillance et le don de soi pour le bien du prochain. Il en résulte aussi que 'aimer' c'est valoriser l'autre en conjuguant tendresse, compassion et fidélité par l'engagement.

4. Les mots qui traduisent l'amour dans le Nouveau Testament

L'amour est un thème central au message de Jésus Christ transmis dans les 4 Évangiles et le Seigneur Jésus y résume la loi et les prophètes par l'amour de Dieu et l'amour de son prochain. De façon générale le N.T. utilise essentiellement deux mots d'origine grecque pour exprimer l'amour : philia et agapè.

1. *'Philia' et 'phileô'* se disent pour une affection d'amitié très forte. C'est le mot grec pour exprimer l'amitié ou la camaraderie. Ils sont utilisés pour l'amour entre parents et enfants, comme pour celui du Père. *phileo* (fil-eh'-o) , son sens est celui de traiter affectueusement ou avec bonté, ou traiter en ami avec des gestes d'affection. En voici deux exemples :

   « Et il se leva, et alla vers son père. Comme il était encore loin, son père le vit et fut ému de compassion, il courut se jeter à son cou et le baisa ». Luc 15:20

   « Affligés surtout de ce qu'il avait dit qu'ils ne verraient plus son visage. Et ils l'accompagnèrent jusqu'au navire ». Actes 20:38

2. *'Agapè' et 'agapaô'* sont très souvent utilisés dans le N.T. Agapè désigne l'amour basé sur des principes, on pourrait dire un *amour raisonné*. Agapè est le mot employé pour l'amour de Dieu envers les hommes comme nous pouvons le voir dans Jean 3 :16 : *« Car Dieu a tant aimé le monde qu'il a donné son Fils unique, afin que quiconque croit en lui ne périsse point, mais qu'il ait la vie éternelle »*. Il est aussi le mot employé ordinairement pour l'amour des hommes envers Dieu et celui qui en découle, celui des hommes entre eux et ainsi que pour l'amour envers des ennemis. Cela signifie, par exemple, que quand Jésus disait *"aimez vos ennemis"* (Mat. 5 :44), il ne sous-entendait pas avoir de l'affection ou des sentiments positifs envers l'ennemi. Ce qui est logique car on n'imagine pas un être humain

ressentir une réelle *"attirance"* ou un quelconque sentiment d'affection pour son ennemi. Agapè place l'amour dans une dimension à la fois spirituelle et morale plutôt que sentimentale.

Malgré l'éventail de définitions, et d'expressions dans les différentes langues et cultures, malgré les multiples idées et représentations de l'amour et toutes les conceptions distinctes liées à l'amour qui ont prévalu au fil du temps, on ne peut définir l'amour que dans la mesure de ce que Dieu est, fait et ce qu'il dit de l'amour.

En effet, on ne peut pas comprendre l'amour et le définir en dehors de Dieu car il en est la source. Selon 1 Jean 4 :7-8 *'Dieu est amour'* et *'l'amour est de Dieu'*. Cela ne renvoie aucunement à l'éventail de sentiments d'affection, d'attirance, d'attachements si complexes et indéfinissables tel que décrits dans la plupart des dictionnaires en usage. Cette déclaration est un énoncé dogmatique que nous ne saurons comprendre que dans la mesure où nous cherchons premièrement à regarder au sacrifice que Dieu a consenti en envoyant son fils, le Christ notre Seigneur afin de mourir pour nous sauver selon Jean 3 :16 *« Car Dieu a tant aimé le monde qu'il a donné son Fils unique, afin que quiconque croit en lui ne périsse point, mais qu'il ait la vie éternelle »*. Il y a ici le sens du sacrifice de Dieu et de son fils. Deuxièmement, nous devons regarder à la description faite dans 1 Corinthiens 13 :4-7 où l'amour personnifié est décrit par une liste d'attributs.

« L'amour use de longanimité; il est plein de bonté; l'amour n'est pas envieux; l'amour ne se vante pas; il ne s'enfle pas d'orgueil; il n'agit pas avec inconvenance; il ne cherche pas son propre intérêt; il ne s'irrite pas; il n'impute pas le mal; il ne se réjouit pas de l'injustice, mais se réjouit avec la vérité; il

supporte tout, croit tout, espère tout, endure tout ». (1 Cor 13 :4-7 Darby).

Ces attributs ci-haut cités dans la bible sont liés à des actions particulières. Ils traduisent des actions concrètes qui requièrent premièrement un engagement soit spirituel, moral, physique, intellectuel et ensuite la fidélité afin que l'amour soit constaté.

Ce qui traduit l'amour, c'est le fait d'agir pour le bien de l'autre. Par exemple, *quand Dieu aime le monde, il entreprend de le sauver en sacrifiant son fils, Jésus Christ.* Dieu a démontré un engagement avec loyauté qui donne de la valeur à l'homme qui est l'objet de son amour. L'amour que Dieu démontre depuis la création poursuit un seul but, c'est le salut de l'homme. Et dans ce cas précis il convient de constater que la personne aimée, l'homme en occurrence était loin de plaire à Dieu car l'homme est pécheur et ses pensées toujours mauvaises. Quelques observations s'imposent à ce niveau ;

- Aimer ne se définit pas seulement par rapport à ce que l'on éprouve en soi mais aussi et surtout par rapport à ce que l'on fait de ce que l'on éprouve.
- Aimer requiert un engagement objectivement fondé sur la valeur intrinsèque de celui que l'on aime.
- Aimer ne vise pas l'autosatisfaction ; le bonheur de celui qui aime provient du fait d'être en harmonie avec la loi de l'amour et ensuite du résultat que produit ses actes d'amour' sur la personne aimée.
- Aimer c'est être loyal aux valeurs qui font de nous un semblable, et qui font de l'autre un prochain.

CHAPITRE DEUX
L'AMOUR, ET LE SENTIMENT D'AMOUR

1. Le sentiment d'amour

Avant d'approfondir la question sur ce qu'est l'amour, voyons ce que l'amour n'est pas.

Nous reconnaissons que Dieu a créé l'être humain, doté des pulsions sexuelles, d'émotions, plaisir des sentiments etc. L'être humain est une composition de corps et d'esprit : il est indissociablement matière et esprit, corps et âme; il est à la fois charnel et spirituel. Par conséquent la raison, les sentiments, la volonté ainsi que l'esprit sont autant des facteurs à prendre en compte.

Lorsque nous ressentons un attrait particulier pour quelqu'un ; cela peut être une sensation forte, et intense, une certaine passion, une douce émotion, le plaisir d'être aux côtés d'une personne, de penser à elle etc. De ces faits, nous sommes formels et nous disons que c'est *l'amour*. À ce titre celui qui éprouve ledit amour s'engage à rechercher un rapprochement physique, spirituel ou même imaginaire avec l'objet de ses sentiments en adoptant un comportement particulier. En effet nous éprouvons toute une multiplicité des réactions sentimentales bien différentes en nature et en intensité.

Cependant, il existe une différence considérable entre l'amour proprement-dit et les sentiments d'amour (ou sentiments amoureux). Les sentiments sont par nature versatiles, fondamentalement dépendants des impressions émotionnelles et sensorielles. Il n'est pas évident de les définir car ils relèvent d'une expérience individuelle. Ils sont souvent totalement subjectifs, superficiels, à la fois imprévisibles et passagers, fragmentaires et limités, et instinctifs, irréfléchis et inconstants.

De nos jours, les films et les chansons décrivent l’amour comme une passion, un bouillonnement d'émotions, débordant et enivrant. Souvent emportés dans l’émotion et autres pulsions sensationnelles nous ne nous rendons pas suffisamment compte de la part d’égoïsme que renferme le sentimental.

L'expérience dite affective, c’est-à-dire celle du sentiment éprouvé ne porte pas sur la personne pour qui l’on éprouve ces sentiments mais plutôt sur soi-même. On utilise l’autre pour se procurer une sensation subjective de satisfaction. L’attention est excessivement prêtée à soi-même. Les sentiments d’amour ne cherchent qu’à combler essentiellement le désir de celui qui l’éprouve. C’est à soi-même que l’on désire faire du bien et non pas à la personne de l’autre.

Les sentiments d’amour bien nécessaires à l’amour dans une certaine mesure, à eux seuls, ils sont égoïstes, et dangereux surtout lorsqu'ils travaillent de manière autonome. Ils asservissent l'homme, et le détruisent. La bible nous donne quelques exemples des personnes qui ont été conduits par les sentiments amoureux seuls, des pulsions bouillonnantes et débordantes comme on le voit dans le monde actuel et qui ont fait des victimes et des ravages. En voici trois exemples :

a. La passion de David pour Bathschéba l'a amené à commettre l'adultère, puis provoquât la mort d'Urie, le mari de Bathschéba. Ce qui lui valut la réprimande du prophète Nathan, et la mort de l'enfant. (2 Samuel 11-12). Si l'on devait tourner un film avec cette partie des écritures l'on nous montrerait les aventures romantiques du roi qui courtise la femme de son sujet avec un accent aigu sur les sentiments du roi envers cette femme et on dira tout simplement que le roi est *tombé amoureux* de la femme de son sujet. Quand on regarde de près, ce sentiment a bien servi le bouillonnement du roi David. Mais n’a servi personne en bien à commencer par le roi lui-même, qui a consommé l’adultère et le meurtre. La femme fut victime d’un viol, de l’abus de pouvoir du roi, et fut en plus porteuse d’un enfant non désiré et qui fut reprit par Dieu. Le jugement de Dieu était sévère pour ces actes dont les origines se trouvent dans les sentiments bouillonnants de David.

A cet égard nous constatons que beaucoup de couples même dans la communauté des chrétiens souffrent de l’infidélité dans le mariage parce que l’un des conjoints a commencé à éprouver des sentiments bouillonnants ou d’attachement envers un autre homme ou une autre femme : les termes amants, petit amis etc. couvrent bien cette philosophie des sentiments qui s’est déjà bien développée.

b. Le bouillonnement de Sichem pour Dina, fille de Jacob. Le jeune prince fut pris par une forte pulsion, un sentiment très fort qu'il ne pouvait contrôler. Celui-ci finit par enlever Dina, puis la viola. Cet acte est vengé dans un bain de sang par les fils de Jacob (Genèse 34). Siméon et Lévi, propres frères de Dina, attaquèrent soudain la ville de Sichem et massacrèrent tous les mâles, Hamor et Sichem inclus.

c. La passion de Amnon, fils de David à l'égard de Tamar, sa demi-sœur. Une passion qui le dégrade, l'entraîne à la ruse, au viol, a l'inceste, au dégoût de soi et à la haine finalement jusqu'à la mort, car assassiné par Absalom le frère germain de Tamar, 2 Samuel 3.2 ; 13.28; 1Ch 3.1

Notons que le sentiment amoureux est essentiellement évoqué dans les relations qui tendent à l'intimité. Et c'est généralement là où il fait le plus mal quand il est seul et incontrôlé. Tous ceux qui s'y sont appuyés pour bâtir une vie de couple ont fini en catastrophe. Car il est un sentiment foncièrement égoïste. Ce sentiment est un composant de l'amour. Le sentiment amoureux, bien qu'il puisse être essentiel à l'épanouissement de l'amour comme un serviteur qui l'aide et le rend agréable, il faut noter que l'amour peut au besoin survivre sans lui. Mais au contraire, le sentiment à lui seul, ne peut subsister sans l'amour.

2. L'amour

L'amour quant à lui ne peut simplement pas être sentimental bien que la tendance universelle porte à croire que le point de départ de l'amour est de l'ordre du sentiment. Les mots utilisés dans la bible pour traduire l'amour sont plus qu'éloquents à cet effet. L'amour est réfléchi et constant ; conscient et équilibré. Il entraîne des effets bénéfiques. Voici comment l'amour est décrit dans la bible :

"Je peux distribuer toutes mes richesses à ceux qui ont faim, je peux livrer mon corps au feu. Mais si je n'aime pas les autres, je n'y gagne rien ! L'amour est patient, l'amour rend service. Il n'est pas jaloux, il ne se vante pas, il ne se gonfle pas d'orgueil. L'amour ne fait rien de honteux. Il ne cherche pas son intérêt, il ne se met pas en colère, il ne se souvient pas du mal. Il ne se réjouit pas de l'injustice, mais il se réjouit de la vérité. L'amour excuse tout, il croit tout, il espère tout, il supporte tout. L'amour ne disparaît jamais. Les paroles dites au nom de Dieu s'arrêteront, le don de parler en langues inconnues disparaîtra, la connaissance finira." (1 Corinthiens 13:3-8 PDV)

Au regard de ce verset l'on peut comprendre le fait que bien qu'il y ait autant d'organisations caritatives et celles de défense des droits humains etc. la situation de l'homme ne fait que s'empirer. Car tout simplement on fait beaucoup de choses au nom de l'amour mais sans amour. L'apôtre Paul l'explique bien au verset 3 *"Je peux distribuer toutes mes richesses à ceux qui ont faim, je peux livrer mon corps au feu. Mais si je n'aime pas les autres, je n'y gagne rien ! "* être sympathique n'est pas synonyme d'aimer ou faire des dons aux pauvres n'est pas à confondre avec avoir de l'amour, se sacrifier, se tuer etc. sont autant d'actes que l'on veut attribuer à l'amour mais qui peuvent aussi être des actes d'égoïsme, d'orgueil et de pitié.

Ce dont le monde a besoin aujourd'hui c'est de l'amour et non pas de la pitié. Ce dont nos familles, nos enfants, nos collègues de services, ont besoin aujourd'hui c'est de l'amour. Car seul l'amour peut changer, amener la paix, la réconciliation, le soulagement, la consolation. L'amour est plus que la pitié, plus que l'héroïsme.

Dans le texte de 1 Corinthiens 13:3-8 nous avons sous nos yeux un contraste frappant. Paul nous dit ce que l'amour est et ce qu'il n'est pas ; ce que l'amour fait et ce qu'il ne fait pas.

L'amour est personnifié par l'apôtre Paul. Il n'est pas un sentiment contemplatif, l'amour n'est pas une pulsion émotionnelle, sensuelle ou une émotion bouillante. Bien au-delà de tout, il est une force comme une énergie agissante de façon réfléchie et précise dans la vie afin de transformer, guérir, soulager, consoler, apporter la paix, la réconcilier etc.

Le texte décrit l'amour par deux caractères positifs au verset 4a disant que *l'amour est patient et rend service* et par huit traits négatifs, qui sont l'opposé de l'amour et l'expression de l'égoïsme humain au verset 4b-6a : *Il n'est pas jaloux, il ne se vante pas, il ne se gonfle pas d'orgueil. L'amour ne fait rien de honteux. Il ne cherche pas son intérêt, il ne se met pas en colère, il ne se souvient pas du mal. Il ne se réjouit pas de l'injustice.* Ensuite, l'amour est aussi décrit par cinq qualités au verset 6b-7 : *mais il se réjouit de la vérité. L'amour excuse tout, il croit tout, il espère tout, il supporte tout.*

3. L'amour personnifié

L'apôtre personnifie l'amour dans (**1 corinthiens 13 :3-7)**, il dit ce qu'il fait ou ne fait pas, conformément à sa nature intime c'est-à-dire ce qu'il est, et ce qu'il n'est pas.

"Je peux distribuer toutes mes richesses à ceux qui ont faim, je peux livrer mon corps au feu. Mais si je n'aime pas les autres, je n'y gagne rien ! L'amour est patient, l'amour rend service. Il n'est pas jaloux, il ne se vante pas, il ne se gonfle pas d'orgueil. L'amour ne fait rien de honteux. Il ne cherche pas son intérêt, il ne se met pas en colère, il ne se souvient pas du mal. Il ne se réjouit pas de l'injustice, mais il se réjouit de la vérité. L'amour excuse tout, il croit tout, il espère tout, il supporte tout. L'amour ne disparaît

jamais. Les paroles dites au nom de Dieu s'arrêteront, le don de parler en langues inconnues disparaîtra, la connaissance finira." (1 Corinthiens 13 :3-8 PDV)

Dieu est amour, nous dit la bible. Dans sa nature et dans son essence Dieu est amour. C'est pourquoi il ne peut que nous aimer. Car il est impossible d'aimer sans avoir cette nature d'amour ; il est impossible de ne pas aimer ayant cette nature. Tous les actes ainsi que les paroles de Dieu et de Jésus Christ envers l'homme pécheur procèdent de cette nature et essence d'amour pour le sauver. Jean 3 :16 nous le dit :

"... car Dieu est amour." (1 Jean 4:8 LSG). Ce verset peut expliquer pourquoi l'apôtre Paul a pu personnifier l'amour. Au verset 9 ce texte montre comment l'amour de Dieu s'est manifesté. "*L'amour de Dieu a été manifesté envers nous en ce que Dieu a envoyé son Fils unique dans le monde, afin*

que nous vivions par lui. Et cet amour consiste, non point en ce que nous avons aimé Dieu, mais en ce qu'il nous a aimés et a envoyé son Fils comme victime expiatoire pour nos péchés. Bien-aimés, si Dieu nous a ainsi aimés, nous devons aussi nous aimer les uns les autres." (1 Jean 4:9-11 LSG).

Adam et Eve dès le commencement ont offensé Dieu. Et par la suite le cœur de l'homme s'est totalement corrompu selon Genèse 6 :5ss. Nous pouvons voir de ce qui précède que Dieu fut affligé en son cœur à cause du péché et de la méchanceté du cœur de l'homme. Mais, étant Amour Dieu a trouvé comment sauver la race humaine par le sacrifice de son Fils comme le témoignent les versets ci-après :

"Car Dieu a tant aimé le monde qu'il a donné son Fils unique, afin que quiconque croit en lui ne périsse point, mais qu'il ait la vie éternelle." (Jean 3:16 LSG).

"Mais Dieu, qui est riche en miséricorde, à cause du grand amour dont il nous a aimés, nous qui étions morts par nos offenses, nous a rendus à la vie avec Christ (c'est par grâce que vous êtes sauvés) ; il nous a ressuscités ensemble, et nous a fait asseoir ensemble dans les lieux célestes, en Jésus-Christ, afin de montrer dans les siècles à venir l'infinie richesse de sa grâce par sa bonté envers nous en Jésus-Christ." (Ephésiens 2:4-7 LSG).

Dans le texte de 1 Corinthiens 13 l'amour de Dieu à notre égard se manifeste par deux caractères qui sont *la patience et le service* au verset 4a. A partir du verset 4b jusqu'à 6a, Paul nous décrit comment l'amour s'oppose à l'égoïsme humain sous toutes ses formes : *Il n'est pas jaloux, il ne se vante pas, il ne se gonfle pas d'orgueil. L'amour ne fait rien de honteux. Il ne cherche pas son intérêt, il ne se met pas en colère, il ne se souvient pas du mal. Il ne se réjouit pas de l'injustice*). Et enfin du versets 6b au verset 7 Il présente des qualités intrinsèques de l'amour en ces termes : '*il se réjouit de la vérité. L'amour excuse tout, il croit tout, il espère tout, il supporte tout.*).

a. Aimer c'est patienter

'Car l'amour est patient'. Le dictionnaire biblique pour tous dit que la patience est cette *« Retenue que Dieu accorde par rapport à la colère ou au ressentiment que pourrait provoquer l'opposition ou l'oppression et qui n'est pas simplement de la passivité. C'est une caractéristique de l'attitude de Dieu face à l'homme pécheur (Esa 48.9) ; elle est illustrée par les nombreuses circonstances où il a renouvelé son amour à Israël, coupable de désobéissance (Os 11.8), plaidé avec son peuple (Mr 12.1) et choisi de retarder la seconde venue du Christ (2Pi 3.9) »*. Dieu est amour, et dans son amour il laisse le temps à tout le monde de se repentir afin d'être sauvé. D'une part, dans sa vie et son ministère Jésus

Christ, a révélé la richesse de la patience divine à travers de ses souffrances. Il a supporté de la part des pécheurs une forte opposition pour que nous ayons en lui un exemple à suivre, voir Hébreux 12:3. Et d'autre part dans son enseignement dans Luc 15:11 ; Matt 21:28ss, Matt 21:33 ; Matt 18:23ss ; Matt 13:24 ; Matt 13:47ss ; Luc 13:6-9; Romains 2:4 9:22, 1Pierre 3:20, 2 Pierre 3:9-15.

Ainsi donc *Aimer comme Jésus Christ* suppose être patient comme lui a été patient. Ceci veut dire que, pour répondre à la patience de Dieu, le chrétien doit aussi exercer la patience envers ses frères. La prière que l'apôtre Paul adresse à Dieu pour les disciples de Thessalonique, était "*Que le Seigneur dirige vos cœurs vers l'amour de Dieu et la patience de Christ". 2 Thessaloniciens 3:5.* La patience est un des aspects fondamentaux de l'amour. Cet aspect fondamental à l'amour qui est la patience est aussi le fruit de la régénération qui procède de Dieu tout comme l'amour. Aussi, devons-nous nous en revêtir selon Col 3:12,1Th 5:14. Jésus-Christ est notre exemple parfait de la patience dans l'épreuve que nous voyons Actes 8:32, Esaïe 53. La patience de Christ envers tout homme, indique comment il supporta jusqu'au sacrifice suprême de la mort sur la croix l'incompréhension, le rejet, et la haine. La patience dont Christ est le parfait exemple n'est pas une patience contemplative où l'on compte le nombre de fois à supporter une souffrance ou à souffrir d'une épreuve comme d'un piège déjà tendu ; mais c'est une patience instructive avec persévérance afin d'amener le changement qu'il faut.

Nous sommes des créatures imparfaites. De ce fait, il est inévitable que parfois l'on s'irrite mutuellement, ou que l'on se heurte. Vivre en communauté demande la patience car tout le monde ne nous approuvera pas, l'on trouvera toujours un achoppement, on fera face aux offenses des autres. Si l'on est sans retenue on ne survivra pas. La patience permet de supporter les autres et de préserver la paix de la famille de Dieu. 1 Thess 5 :14 la recommande à chaque membre de l'église ; c'est la responsabilité de chaque disciple de démontrer la patience de Christ pour que l'amour paraisse entre nous et à la face du monde. Le pasteur Léopold Guyot dit ceci à propos de la patience *« La patience est cette vertu qui permet d'attendre paisiblement l'accomplissement des choses que nous espérons et aussi de supporter les situations difficiles, la souffrance, l'épreuve, l'adversité, les personnes irritantes. Elle n'est pas la résignation, mais au contraire elle permet de persévérer, de continuer à prier, à attendre et à travailler, car elle tend vers un résultat. Elle est étroitement associée à la foi dans laquelle elle permet de persévérer. »*

b. Aimer c'est rendre service

"Car le Fils de l'homme est venu, non pour être servi, mais pour servir et donner

sa vie comme la rançon de plusieurs."
(Marc 10:45 LSG)

Le disciple de Christ, est appelé à démontrer cette disposition tout aussi essentielle à l'amour que le monde recherche tant. Jésus Christ dénonce la logique de la tyrannie, de la domination, et de faire valoir l'autorité que le monde développe où nous voyons les grands, les puissants qui se font servir. Il réprime la mauvaise ambition dans ses disciples en leur montrant l'un de principes de son royaume qui est de *rendre service*. Servir c'est prendre de la peine par le travail ; servir quelqu'un c'est prendre de la peine pour cette personne par son travail. Tout naturellement ceci représente un état d'assujettissement que tout homme voudrait éviter. Mais Jésus Christ souligne cet enseignement en donnant un exemple frappant dans Jean 13 :12-18 *« Lors donc qu'il leur eut lavé les pieds, et qu'il eut repris ses vêtements, et qu'il se fût remis à table, il leur dit : Comprenez-vous ce que je vous ai fait ? Vous m'appelez : Maître, et : Seigneur, et vous dites bien, car je le suis. Si donc je vous ai lavé les pieds, moi, le Seigneur et le Maître, vous devez, vous aussi, vous laver les pieds les uns aux autres ; car je vous ai donné un exemple, afin que, vous aussi, vous fassiez comme je vous ai fait. En vérité, en vérité, je vous le dis, le serviteur n'est pas plus grand que son seigneur, ni l'apôtre plus grand que celui qui l'a envoyé. Si vous savez ces choses, vous êtes heureux, pourvu que vous les fassiez. »* Que dans son royaume aimer c'est *servir.* Le Seigneur et Maitre Jésus Christ s'était humblement rabaissé pour laver les pieds. Il voulait amener les disciples à comprendre et à être prêts à se rendre mutuellement service dans l'humilité et avec dévouement. Dans 1 Timothée 5 :10 l'apôtre Paul revient sur ce lavage des pieds comme pratique de l'hospitalité. Car c'était en Orient une partie essentielle de l'hospitalité et de la charité. Selon les commentaires bibliques *laver les pieds* de ses visiteurs procurait à ces derniers un vrai soulagement, après de longues marches dans des pays brûlants, car ils n'avaient que de simples sandales pour chaussures.

Comme de bons dispensateurs des diverses grâces de Dieu, que chacun de vous mette au service des autres le don qu'il a reçu... (1 Pierre 4:10)

La communauté des enfants de Dieu est riche en grâces. Comme dans un corps chaque enfant de Dieu a reçu un don. Bien que dans des mesures de grâces différentes, les dons sont la propriété commune de la communauté chrétienne, chaque chrétien n'étant qu'un intendant pour édifier le corps du Christ. Ces dons, nous les avons reçus de Dieu non pas pour un usage égoïste ou personnel. Ainsi, devons-nous travailler et fructifier proportionnellement à la mesure de la grâce reçue.

Le service et les bonnes œuvres sont un témoignage l'amour que le Seigneur Jésus Christ prescrit : Se mettre au service les uns des autres est un témoignage d'amour entre membres du corps de Christ et envers le monde afin de montrer que l'Église a compris les commandements du Seigneur Jésus Christ et tout particulièrement celui *d'Aimer comme LUI* et qu'elle demeure dans son amour selon Jean 15.10.

c. Aimer ce n'est ne pas être jaloux.

Dans un sens positif, la Bible parle de la jalousie de Dieu, c'est-à-dire du zèle pour le bien que l'on trouve en Dieu ou chez certains hommes. Dans ce texte (1 Cor. 13) la jalousie a un sens opposé car il ne s'agit pas d'une émulation honorable mais simplement d'une attitude qui ne supporte pas les avantages ou bénédictions de l'autre. La jalousie *« se caractérise par de l'envie ou de la haine lorsqu'on voit quelqu'un jouir d'un avantage qu'on ne possède pas ou que l'on aimerait posséder exclusivement (elle est aussi l'inquiétude qu'inspire la crainte de partager cet avantage ou de le perdre au profit d'autrui » Nouveau Dictionnaire Biblique.*

Nous avons en Christ un exemple parfait à suivre. Dans philippiens l'apôtre dit *"lequel, existant en forme de Dieu, n'a point regardé comme une proie à arracher d'être égal avec Dieu,"* (Philippiens 2:6 LSG).

L'un des traits qui caractérisent le monde actuel se résume à tout ramener à soi-même ; c'est la recherche effrénée de l'intérêt personnel. La recherche de l'intérêt de l'autre serait une application noble comme recommandée par l'apôtre Paul *"Que personne ne cherche son propre intérêt, mais que chacun cherche celui d'autrui." (1 Corinthiens 10:24 LSG)*. La jalousie est nuisible essentiellement à la personne qui la porte. Selon le *Nouveau Dictionnaire Biblique « Psychologiquement, la jalousie empêche l'homme de disposer de toutes ses facultés, produisant des tensions et des conflits considérables. La productivité de l'homme est réduite et sa vision du monde est déformée. La jalousie peut aussi apparaître sous la forme de la colère ou de la pitié de soi* ». Le disciple de Christ doit bien comprendre le sens profond de cette disposition car c'est Dieu qui donne à chacun selon son bon plaisir. Quel que soit le domaine de la vie ou du ministère, Dieu ne donne pas à tous la même chose et surtout pas au même moment. A chacun sa bénédiction et à chacun son temps. Ceux qui recherchent Dieu d'un cœur pur arrivent à vivre dans le contentement et la reconnaissance et l'envie n'a aucune emprise sur eux.

Le monde est plein de jalousie et c'est une tristesse dégradante pour la race humaine. Qui peut donc montrer comment aimer ? Quand on aime on se méfie de cette attitude que le diable affiche selon le texte de Esaïe 14 :13-14 *« je serai semblable au Très-Haut »* se disait-il. C'est dans l'attitude que la jalousie prend forme et se consomme.

Vouloir être comme l'autre, et posséder ce qu'il a est un mépris à la personne de Dieu, de ses grâces et de ses dons et c'est contre l'amour. Cela montre que nous ne sommes pas satisfaits de ce que Dieu a fait de nous ; aussi que nous ne sommes pas satisfaits de ce Dieu nous a donnée. La jalousie détruit la santé *« ...Mais l'envie est la carie des os »* Proverbes. 14 :30. Elle détruit les relations en poussant à la haine et aux querelles, Genèses 27 :41 ; Galates 5 :26 LSG. Elle détruit le témoignage de la foi et empêche la manifestation de l'Esprit de Dieu dans la communauté 2 Cor 12 :20 LSG.

d. Aimer c'est se réjouir dans la vérité.

« L'amour ne se réjouit point de l'injustice ; mais il se réjouit avec la vérité ». Ce texte met en opposition la vérité et l'injustice. La vérité est un allié inséparable de l'amour. Celui qui aime ne prend pas plaisir aux actes injustes et méchants : Il ne médite pas l'injustice sur sa couche, Il ne se tient pas sur une voie qui n'est pas bonne, Il

repousse le mal. L'amour " *se place du côté de la vérité et se réjouit lorsqu'elle triomphe* ". Dieu est Amour et Il est juste. La justice est le fondement de son trône (voir Psaumes 89 :14). Dieu a en horreur une balance faussée et un système juridique injuste (voir Proverbes 20 :23. Nous devons nous traiter avec équité *"...Tu n'auras point égard à la personne du pauvre, et tu ne favoriseras pas la personne du grand."* Lévitique 19 :5. Et Jacques 2 :8-9 soulève la question du favoritisme (acception des personne) ; ce péché qui passe allègrement dans la communauté des enfants de Dieu.

Aimer c'est défendre la vérité. Aimer c'est se dire la vérité les uns aux autres. Celui qui aime ne ment pas à son frère et ne se réjouit pas des actes et faits contraires à la vérité. La bible dit *"Voici les règles que vous suivrez : Dites-vous la vérité les uns aux autres. Dans vos tribunaux, rendez des jugements justes qui feront la paix." (Zacharie 8:16 PDV).* La vérité est pénible à admettre de toute évidence. Mais pour le bien de tous, il ne s'agit pas de ce que nous aimons, ou nous voudrons, mais de ce qu'il faut. La vérité seule peut corriger et guérir nos cœurs tortueux. La vérité et la justice sont fondamentales pour promouvoir des bonnes relations au sein de la communauté et des assemblées chrétiennes ; elles sont aussi une condition pour la réalisation des bénédictions de Dieu. Jésus Christ notre exemple a dénoncé l'injustice sous toutes ses formes dans la société de son époque. Au sein de l'assemblée des chrétiens, la malice, la fraude, la dissimulation, la médisance, l'envie, la ruse etc. qui sont autant d'actes associés à l'injustice sont à dénoncer, à condamner et à rejeter 1 Pierre 2 :1 ; ce sont des dispositions contraires à l'amour que le monde pratique, ce sont les œuvres de la chair. Le chrétien a été racheté par Christ, purifié par sa parole, il est une nouvelle créature ayant la nature de Dieu.

On ne peut être dans la joie, jubiler lorsqu'un membre de l'église souffre d'une quelconque injuste.

e. Aimer c'est supporter tout.

Que peut faire un enfant de Dieu face à l'injustice ? Joseph a été injustement vendu par ses frères, injustement accusé par la femme de son maitre, et injustement emprisonné par son maître (voir Genèse 37 à 40). Mardochée et les juifs ont été injustement condamnée à être exécutés à cause de la jalousie (Esther 5.9-6.14). Ils sont nombreux ceux qui ont tout supporté par amour pour Dieu et pour son peuple. De tous, c'est notre Seigneur Jésus Christ qui a tout supporté ; il est notre exemple. Il n'a point connu de péché mais c'est à cause de nos péchés que Dieu l'a frappé, condamné par les hommes pour avoir fait du bien, rejeté par tous pour avoir proclamé la vérité. La bible le dit clairement : *« Le Christ lui-même a souffert la mort pour nos péchés, une fois pour toutes. Lui l'innocent, il est mort pour des coupables, afin de nous conduire à Dieu. Il a été mis à mort dans son corps, mais il a été ramené à la vie par l'Esprit » (1 Pierre 3v18).* Au milieu d'une agonie atroce *« Jésus dit: Père, pardonne-leur, car ils ne savent ce qu'ils font »* Luc 23 :34. Ainsi, Pierre insiste en disant *« Le Christ a souffert pour vous, vous laissant un exemple pour que vous suiviez ses traces » (1 Pierre 2v21).*

« Considérez en effet Celui qui a souffert de la part des pécheurs une si grande contradiction contre lui-même, afin que vous ne vous laissiez pas abattre, étant découragés dans vos âmes » Hébreux 12 :3 BA. Car Il nous a tant aimé, il pouvait tout supporter pour nous. Il a ainsi accompli la prophétie de Siméon à son égard (Luc 2 :34).

Tout supporter par amour est un exercice de tous les jours. Cette phrase doit d'abord s'interpréter par rapport aux fautes et péchés des autres autant que cela est permis. Il n'est nullement question ici de fermer les yeux sur le mal ou le justifier au nom de tout supporter. Tout supporter par amour est une disposition par laquelle nous savons que Dieu est notre Père et qu'il contrôle toutes choses (Daniel 2 :19-21); par laquelle nous prenons le temps de réfléchir avec Dieu *« Au jour du malheur, réfléchis » (Ecclésiaste 7 :14)* ; par cette disposition nous apprenons à nous en remettre à Dieu *« Que ceux qui souffrent parce qu'ils obéissent à la volonté de Dieu, s'en remettent entièrement au Créateur, qui est fidèle, et qu'ils continuent à faire le bien » (1 Pierre 4v19)* ; enfin, une disposition par laquelle nous prions pour ceux qui commettent l'injustice *« Jésus dit: Père, pardonne-leur, car ils ne savent ce qu'ils font »* Luc 23 :34 . Ainsi pour conserver l'unité de la famille de Dieu et encourager la foi mutuelle il s'avère important que l'on cultive la capacité à supporter.

f. Aimer c'est croire tout.

Selon le nouveau dictionnaire biblique la Confiance vient du mot hébreu bethaH = confiance, sécurité ; grec pepoithêsis = assurance, confiance [en soi]. Dans le dictionnaire, la confiance est *« l'espérance ferme, l'assurance de celui qui se fie à quelqu'un ou quelque chose ».* Aimer, c'est faire confiance à l'autre ; faire confiance à l'autre c'est voir en lui les qualités plutôt que ses faiblesses et attendre de lui le meilleur. Cependant cela ne signifie pas que l'on ignore la nature de l'homme pétrie de faiblesse.

Mais hélas, la confiance manque sérieusement et l'humanité a développé indûment la suspicion : nous doutons automatiquement des mobiles de nos frères, même au sein des communautés chrétiennes nous avons fini par installer la méfiance dans nos assemblées. Surtout en Afrique, la peur de la sorcellerie est plus que présente dans les esprits au point que certains refusent d'intervenir dans les besoins des autres afin de ne pas être ensorcelés.

La confiance est une disposition indissociable à l'amour. Inévitablement nous devons faire confiance à quelqu'un pour quelque chose. Dans la mesure où Aimer comme Christ a aimé, est un commandement, la disposition à faire confiance ne doit pas être liée à la personne qui doit bénéficier de notre service ou bienfait mais plutôt elle est liée à la personne qui nous l'ordonne c'est-à-dire Christ.

Il est important de connaitre quelqu'un pour pouvoir lui faire confiance, et à cet effet la Parole nous fait connaître Dieu, un Dieu d'amour qui nous est révélé dans la Personne de son Fils et le don de celui-ci a la croix. C'est à cet amour que nous répondons en agissant avec confiance dans toutes nos relations avec les autres. Celui qui aime, doit avoir une assurance que son action envers l'autre produira du bien, car c'est en effet un acte de foi que d'obéir à ce nouveau commandement. La connaissance de Dieu, de son amour, de ses promesses et de sa souveraineté nous affranchit de toute méfiance, et de la peur. Ainsi par la confiance et des paroles d'assurance nous pouvons faire du bien.

Dans sa lettre à Philémon, Paul voit en Onésime jadis esclave et inutile, un frère utile à lui et à la communauté des croyants. Fort de cette confiance et de l'assurance, il le recommande à son ancien maitre non plus comme esclave mais plutôt comme frère. La confiance nous fait regarder les autres comme étant utiles et nous amène à les traiter avec amour. Quand on aime Dieu qui nous a aimé le premier, la confiance ne fera pas défaut. *« Si une armée se campait contre moi, Mon cœur n'aurait aucune crainte ; Si une guerre s'élevait contre moi, Je serais malgré cela plein de confiance ».* Psaumes 27:3. Dieu est digne de confiance. Cette disposition qu'est la confiance est construite sur une relation d'amour intime et d'attachement à Dieu et a sa parole. Dans cette relation d'amour, nous nous appuyons avec foi sur la puissance, la souveraineté et la fidélité de Celui qui tient toutes choses dans sa main et qui veille sur sa Parole pour l'accomplir, et ainsi croyons tout.

g. Aimer c'est espérer tout.

« Il dit aussi cette parabole: Un homme avait un figuier planté dans sa vigne. Il vint pour y chercher du fruit, et il n'en trouva point. Alors il dit au vigneron: Voilà trois ans que je viens chercher du fruit à ce figuier, et je n'en trouve point. Coupe-le: pourquoi occupe-t-il la terre inutilement? Le vigneron lui répondit: Seigneur, laisse-le encore cette année; je creuserai tout autour, et j'y mettrai du fumier. Peut-être à l'avenir donnera-t-il du fruit; sinon, tu le couperas ». Luc 13:6-9 (LSG)

Aimer ne peut être sans espérance. L'espérance que l'amour nous donne ne trompe point Romains 5 :5. Dans cette parabole du figuier stérile Jésus décrit la déception du propriétaire de la vigne, et sa décision à couper le figuier stérile d'une part et d'autre part, sa disposition à laisser ledit figuier une année de plus à la demande du vigneron. Dieu est présenté dans la bible comme propriétaire de la vigne selon Matthieu 21.33-41. Et comme vigneron, Jésus Christ dans le rôle d'intercesseur qui est mis en évidence en Luc 22.31, et dans Romains 8 29ss. C'est en tant qu'Amour qu'il espère que l'homme stérile et incapable par lui-même de porter le fruit que Dieu attend de lui arrive au salut par le don de la grâce (symbolisé par le fumier). L'amour nous fait regarder ceux des nôtres qui on fait naufrage par rapport à la foi non pas comme des ratés ou des médiocres. Comme Christ, le disciple doit toujours espérer et intercéder pour la conversion, la transformation de ceux des nôtres qui faiblissent, qui ne changent pas et qui sont improductifs. Aimer, c'est les porter en prière gardant espoir que l'amour de Dieu est plus grand que leurs fautes et péchés et qu'ils peuvent se repentir et revenir à Dieu leur Père. Dès que l'occasion se présente nous devons les exhorter avec tendresse selon la vérité avec espérance. Car c'est cela l'amour même quand les autres ont cessé d'espérer.

h. Aimer c'est excuser tout.

L'amour excuse tout. Se basant sur le commentaire biblique, le mot grec utilisé dans ce verset est le même que dans 1 Corinthiens 9 :12b. *« ...Mais nous n'avons point usé de ce droit; au contraire, nous souffrons tout, afin de ne pas créer d'obstacle à l'Evangile de Christ ».*

Christ a souffert jusqu'à la mort de la croix afin que le royaume de Dieu soit accessible à tous, et que l'homme soit sauvé. Les apôtres suivant son exemple nous encouragent eux aussi à tout excuser c'est-à-dire à souffrir tout pour le royaume de Dieu. Le témoignage de l'évangile ne doit souffrir d'aucun obstacle. Aujourd'hui, voyons-nous combien la prédication de l'évangile est freinée par des intérêts personnels, par l'orgueil des pasteurs et ministres à la parole et par l'intolérance des uns et des autres. Ceux qui estiment que leur droit n'est pas reconnu au sein de l'assemblée s'emploient à vouloir le rétablir par tous les moyens même au détriment du témoignage de l'évangile.

L'amour résiste au sentiment d'égoïsme et de rébellion que suscite la souffrance ou les difficultés personnelles. A cause de nos imperfections, nous sommes susceptibles de nous décevoir par la non considération, le rejet, l'injustice etc. La première communauté chrétienne en a souffert ; ce qui occasionna la mise en place des serviteurs connus plus tard comme diacres. Cela peut être une situation organisationnelle que l'on n'approuve pas, un point de vue qui diffère sur une question, une parole méchante, une conduite irritante, un acte d'ingratitude, un manque de respect. Pour beaucoup, en particulier ceux n'ont pas l'amour de Christ c'est une occasion de quitter l'église, pour aller ailleurs parce que blessés dans leur amour propre.

Mais l'amour Dieu ne laisse pas les manquements nous rendre aveugle quant à l'importance du corps de Christ dont nous sommes membres et de la réalité de la grâce pour notre perfectionnement. L'amour nous permet de rester attachés à notre assemblée et de tout excuser car il est dit : *"N'abandonnons pas notre assemblée, comme c'est la coutume de quelques-uns ; mais exhortons-nous réciproquement, et cela d'autant plus que vous voyez s'approcher le jour." (Hébreux 10:25 LSG)* et (Psaumes 133). Puissions-nous souffrir tout à cause de l'avancement du royaume de Dieu par le témoignage de l'évangile.

Mais, 'excuse tout' a aussi le sens de couvrir : les péchés, les faiblesses de nature et de caractères, etc. autant que cela est permis. Il ne faut pas commettre l'erreur d'excuser le mal en l'appelant bien et les ténèbres en les appelant lumière soit disant au nom de l'amour. *« Avant tout, ayez entre vous une ardente charité ; car la charité couvre une multitude de péchés. »* 1 Pierre 4 :8 ; Couvrir les fautes d'un frère c'est, dans ce sens, ne pas divulguer à d'autres ses péchés ou ses faiblesses, les lui pardonner, surtout dans la mesure où c'est nous qui avons étés offensés. Dans le cas contraire le frère ou la sœur qui apprendra ses faiblesses de la bouche des autres se sentira lésé et cela va créer mécontentements et découragement. Nous devons aussi les oublier non pas dans le sens du souvenir (de mémoire) mais plutôt enlever toute possibilité de lui en demander les comptes ; prier pour lui (pour sa délivrance) ; et ne pas le lui rappeler. Voici ce que dit Proverbe à ce propos *« Il voile la faute, celui qui recherche l'amour ; Mais qui la rappelle, divise les amis »*. Proverbes 17 :9

i. Aimer ce n’est pas se vanter, ne pas se gonfler d’orgueil.

« On t'a fait connaître, ô homme, ce qui est bien; Et ce que l'Eternel demande de toi, C'est que tu pratiques la justice, Que tu aimes la miséricorde, Et que tu marches humblement avec ton Dieu »

Michée 6 :8 LSG

L’humilité est la clé de la puissance, de la victoire et elle précède la gloire. Aimer c’est aussi s’appliquer à la retenue et s’abstenir de faire étalage, de nos prouesses, de notre richesse, de nos talents ou de nos réussites. Paul avait fondé l'Eglise de Corinthe, qu'Apollos avait ensuite contribué à faire avancer dans la vie chrétienne. Mais il reconnaît que c’est Dieu qui donne la vie et qui fait croitre. C’est pourquoi il dit: *“Qu’est-ce donc qu’Apollos, et qu’est-ce que Paul ? Des serviteurs, par le moyen desquels vous avez cru, selon que le Seigneur l’a donné à chacun. J’ai planté, Apollos a arrosé, mais Dieu a fait croître, en sorte que ce n’est pas celui qui plante qui est quelque chose, ni celui qui arrose, mais Dieu qui fait croître. Celui qui plante et celui qui arrose sont égaux, et chacun recevra sa propre récompense selon son propre travail. Car nous sommes ouvriers avec Dieu. Vous êtes le champ de Dieu, l'édifice de Dieu."* (1 Corinthiens 3:5-9 LSG). Jésus Christ notre exemple nous encourage à l'humilité en ces termes dans Luc 17 :10 *« Vous aussi, de même, quand vous aurez fait tout ce qui vous est commandé, dites : Nous sommes des serviteurs inutiles : nous avons fait ce que nous étions obligés de faire. »*. Nous ne faisons que ce que Dieu nous a donné de faire et ce, dans la mesure de la grâce que Dieu nous accorde. Point n'est besoin de se vanter, de s'enorgueillir.

Lorsque Zachée cherchant à tout prix à rencontrer le Christ, est allé sur le sycomore, Jésus Christ s'approchant de lui, lui dit : Luc 19 :5 *« Jésus fut arrivé à cet endroit, il leva les yeux et lui dit: Zachée, hâte-toi de descendre; car il faut que je demeure aujourd'hui dans ta maison »* ; Luc19 :8. Zachée avoue ses fautes et s'engage à les réparer devant Jésus ; et voici ce que fut la réponse de Christ :Luc19 :9-10 *« Jésus lui dit: Le salut est entré aujourd'hui dans cette maison, parce que celui-ci est aussi un fils d'Abraham. Car le Fils de l'homme est venu chercher et sauver ce qui était perdu ».* On a appelé Jésus Christ 'amis des publicains' Marc 2, 13-17. Christ n'est pas venu condamner, mais sauver le monde. Il est dit de lui *« Il ne brisera point le roseau cassé, Et il n'éteindra point la mèche qui brûle encore; Il annoncera la justice selon la vérité »* Esaïe 42 :3. L'amour ne donne pas aux autres un sentiment d'infériorité et d'inutilité. L'amour ne rabaisse pas les autres parce qu'ils sont dans le besoin et qu'ils viennent pour être secourus. Jésus appelle les disciples ses amis, il mange avec tous Marc 2 :13-17, il est accessible à tous, même à ses détracteurs. Les écritures disent : *"Ne faites rien par esprit de parti ou par vaine gloire,* ***mais que l'humilité vous fasse regarder les autres comme étant au-dessus de vous-mêmes****."* (Philippiens 2:3 LSG). Celui qui aime ne peut se vanter de ce que Dieu lui permet d'accomplir à son service par sa grâce. Car nous tout ce que nous sommes et tout ce que nous avons c'est Dieu. Dieu fait grâce aux humbles.

j. Aimer c'est ne rien faire de honteux.

« Ayez au milieu des païens une bonne conduite, afin que, là même où ils vous calomnient comme si vous étiez des malfaiteurs, ils remarquent vos bonnes œuvres, et glorifient Dieu, au jour où il les visitera ». 1 Pierre 2 :12

Le témoignage de la vie d'un enfant de Dieu est d'une très grande curiosité pour les non-croyants qui scrutent et épient tous les faits et gestes. L'apôtre Pierre exhorte les croyants, ceux qui ont été rachetés de leur

« vaine conduite » par le sang précieux de Christ ; ils les encourageait à avoir une conduite « sainte », « honnête », « pure » et « bonne ». Un commentateur biblique dit ceci du texte de **(1 Pierre 3 : 8-17).** *« Voilà ce que l'on doit voir, extérieurement, dans le monde. Remarquez combien de fois ce mot « bon » revient dans ce chapitre (1 Pier. 3 : 10, 11, 13,16 : littéralement on doit lire « de* ***bons*** *jours » et « qu'il fasse ce qui est* ***bon*** *» dans les versets 10 et 11). Un chrétien, étant lui-même béni par Christ, n'est-il pas envoyé pour apporter la bénédiction à son entourage? Si nous avons été bénis de la part du Seigneur, Il nous laisse sur cette terre pour apporter la bénédiction. C'est ce que l'apôtre Pierre exprime. Rendre le mal et l'insulte sont les réactions spontanées du méchant cœur de l'homme. Le croyant pieux n'agit jamais ainsi (Rom. 12 : 9, 17, 19). Au contraire, il bénit ceux qui s'opposent à lui (Matt. 5 : 44). Ainsi il est une reproduction* *fidèle de Christ, dans le lieu même où Il a été rejeté !* »

Aimer c'est se refuser une conduite indécente ou choquante, débauchée (2 Pierre 2 : 4-9). Aimer suppose des bonnes manières, une conduite sainte *« Comme celui qui vous a appelés est saint, vous aussi soyez saints dans toute votre conduite ; parce qu'il est écrit : Soyez saints, car moi je suis saint »* (1 Pierre 1 : 15). Le disciple doit plaire à Dieu et avoir une conduite respectueuse pour les frères et sœurs en Christ. A ce propos il y a deux aspects importants qui échappent souvent aux chrétiens à savoir :

a) L'être du chrétien tout entier appartient à Dieu. *« Ou ne savez-vous pas que votre corps est le temple du Saint-Esprit, qui est en vous, lequel vous avez reçu de Dieu, et que vous n'êtes point à vous-mêmes ? Car vous avez été rachetés à un grand prix ;* ***glorifiez donc Dieu dans votre corps*** *»* 1Corinthiens 6 :12. Ce texte s'oppose à tous ceux qui dans l'église refusent de se soumettre aux règles de bon sens et de la pudeur dans le langage, l'habillement, le comportement etc. nous n'avons pas droit de scandaliser les membres de l'église. Tout ce que nous devons dire et faire doit impérativement glorifier Dieu et non amener la honte dans l'église et devant le monde.

b). Avoir une conduite sainte et être saint n'est pas fondamentalement conséquence d'un ordre, mais plutôt une conséquence logique de notre relation avec Dieu. Unis dans l'amour au Christ et à Dieu, nous amène à tout ce qui est bon, juste, pure, agréable, louable, bref a une bonne conduite car l'homme est ce que sont ses pensées. Dans l'épitre aux philippines 4 :8 il est dit *« Au reste, frères, que tout ce qui est vrai, tout ce qui est honorable, tout ce qui est juste, tout ce qui est pur, tout ce qui est aimable, tout ce qui mérite l'approbation, ce qui est vertueux et digne de louange, soit l'objet de vos pensées. »*

Dans la conclusion de son article *« 1 Pierre 2.11-12 : Penser vrai, agir juste et vivre beau »* Paul Yang dit ce qui suit « Le défi quotidien est le suivant : *« ... Il nous faut scruter la Parole pour penser vrai puis prier Dieu pour agir juste et vivre beau. »*

k. Aimer ce n'est pas s'irriter

Dans la bible version Louis Segond le mot irriter est traduit de l'hébreux *'Ka ac'* et se lit : [Kaw-as'] et du grec 'paroxuno' qui veut dire être fâché, être vexé, être indigné, provoquer la colère et le courroux. C'est 'paroxuno' qui est utilisé dans le texte de 1 corinthiens 13. L'amour s'oppose à l'emportement, celui qui aime s'efforce de ne pas agir sous l'effet de la colère pour ne pas blesser l'autre.

Quelqu'un a dit a ce sujet ceci : *« Celui qui aime ne s'irrite pas facilement de ce qu'on lui dit ou fait. S'il est normal d'être contrarié quand on nous offense et parfois légitime de nous mettre en colère, l'amour nous empêche de rester dans cet état ».* Il est des colères qui soit légitimes, mais même alors l'on veillera à ce que le courroux naturel de l'homme ne convertisse notre colère en insulte, en manque de respect, en humiliation des autres au sein de l'église.

l. Aimer ce n'est pas être égoïste.

Que disons-nous lorsque nous disons *« je t'aime ou j'aime »* ? Dans cette expression c'est le moi qui est au centre. *« Je t'aime... » ou « j'aime ceci... »* traduit un état de sentiment qu'éprouve son auteur en rapport avec la satisfaction à ses intérêts intrinsèques à recevoir de l'objet de son amour. Même la personne à qui est adressée cette phrase n'est pas à mesure de savoir ce que cela veut réellement dire. Cela étant dit, nous nous exprimons non pas pour le bonheur de celui à qui nous nous adressons, mais plutôt le nôtre parce que nous trouvons que cette personne ou cette chose va nourrir notre vide, nos besoins sentimentaux et affectifs etc. bref c'est au « moi » que nous pensons en disant *'je t'aime'*. Pour preuve lorsque l'autre n'est plus à mesure de répondre à nos attentes, il s'en suit logiquement la fameuse phrase *« Je ne t'aime plus »*. Cela est logique quand il s'agit de l'amour naturel car il est sentimental et centré sur « moi ».

L'amour agape est pour sa part un amour qui a pour centre Jésus Christ. Dieu le Saint Esprit, a répandu cet amour de Dieu dans le cœur du croyant, et amène ce dernier à aimer ayant pour objet Dieu et le Christ son Fils, et non le « moi » comme dans l'amour naturel.

L'amour agape n'a rien de personnel. Tout ce que le chrétien ferait pour son prochain doit s'inspirer de l'amour de Dieu en lui. C'est cet amour qui est capable de se développer en charité. Jean 3 :16 dit *'Car*

Dieu a tant aimé le monde, il a donné son fils afin que le monde soit sauvé par lui'. Ceci est le parfait exemple qui tranche avec l'amour naturel. Quand Christ nous aime c'est pour nous sauver. C'est pour notre bien qu'il s'est donné sans rien exiger en retour sinon d'accepter son amour. C'est un amour que rien en nous ne saurait satisfaire vue la nature du péché de l'homme. Le sacrifice de Jésus dans cet amour avait pour but principal de satisfaire Dieu dans sa volonté de sauver, et aider l'homme. Christ est notre exemple ; nous devons poser des actes qui satisfassent Dieu et soulagent le prochain.

m. Aimer ce n'est pas être aveugle.

Etre aveugle signifie être ignorant ou n'est ne rien voir au sens propre ou figuré. Aimer (agapao) est différent en nature et en essence de l'amour naturel et du coup de foudre de par sa source pour commencer. Car c'est l'Esprit de Dieu qui en est l'origine. Nous apprenons du Saint Esprit comment suivre Christ, car le Saint Esprit a pour mission de nous conduire dans la vérité et nous enseigner toute chose. En Christ nous sommes éclairés nous ne sommes plus dans l'aveuglement. C'est dans la lumière du Christ que nous pouvons aimer comme lui.

Sa parole nous dit comment aimer et qui aimer. Elle est suffisante plus que nos sentiments et nos raisons. Le commandement d'aimer Dieu suppose d'une part connaitre Dieu dans sa nature, ses œuvres et ses lois et d'autre part mettre en pratique sa parole. Et aimer son prochain comme soi-même suppose appliquer sur l'autre ce qui est mieux pour toi ; aimer son ennemi est bien au-delà du raisonnable humainement parlant ; cependant cela n'a rien de sentimental non plus. La connaissance est indispensable à l'amour agape.

1. Aimer Dieu c'est le connaitre et mettre en pratique sa parole. Le Seigneur Jésus Christ lie aimer Dieu à garder ses commandements *"Si vous m'aimez, gardez mes*

commandements." (Jean 14:15 LSG). Ses commandements renferment tout ce qu'il a enseigné et toute sa révélation complète, que le chrétien est appelé à connaitre et à mettre en pratique. C'est en cela que consiste garder ses commandements. Celui qui ignore la parole de Dieu et celui qui ne la met pas en pratique ne peuvent prétendre aimer Dieu.

2. Aimer son prochain comme soi-même puise sa force et sa mesure dans la personne qui aime. Cet amour de soi dans le contexte de ce commandement nous provient d'un homme régénéré. Dans la lumière de la parole de Dieu l'homme né de nouveau est capable de comprendre la valeur que Dieu lui accorde par le fait que Dieu dit *« tu as du prix à mes yeux »* Esaïe 43. Jésus Christ indique comment une seule âme perdue valait autant que 99 autres et que cela suffisait qu'il vienne mourir pour la seule perdue. Ce prix que Dieu accorde à notre personne devrait nous interpeller sur la manière d'aimer le

prochain. La lumière que la parole de Dieu nous donne pour la connaissance cette œuvre de Christ est nécessaire à l'amour du prochain. Il y aussi le fait que la Bible nous invite à faire pour les autres ce que l'on voudrait que l'on fasse pour nous. *"Tout ce que vous voulez que les hommes fassent pour vous, faites-le de même pour eux, car c'est la loi et les prophètes."* (Matthieu 7:12 LSG)

3. Aimer comme nouveau commandement va au-delà du raisonnable pour atteindre notre ennemi. *"Mais je vous dis, à vous qui m'écoutez : Aimez vos ennemis, faites du bien à ceux qui vous haïssent, bénissez ceux qui vous maudissent, priez pour ceux qui vous maltraitent." (Luc 6:27-28 LSG).* Aimer selon notre Seigneur, le Christ ne se limite pas seulement à ceux qui nous aiment, ou qui nous font du bien. Dans Matt 5 :38-48 Jésus Christ nous montre comment traiter et aimer nos ennemis et ceux qui nous maltraitent.

> Certes cela n'est pas facile mais l'amour que nous portons en nous vient du Saint Esprit. C'est auprès de lui que nous trouverons la force d'aimer nos ennemis.

Nous allons revenir en détails sur ces trois points plus tard.

CHAPITRE TROIS

AIMER, UN COMMANDEMENT NOUVEAU

« Je vous donne un commandement nouveau : que vous vous aimiez les uns les autres ; que, comme je vous ai aimés, vous vous aimiez aussi les uns les autres ».

Jean 13 :34 BA

En quoi donc aimer est-il un commandement nouveau ? Car depuis l'ancien testament il existait un commandement similaire je cite *« tu aimeras ton Dieu… et tu aimeras ton prochain… ».* Jésus Christ dit que ces deux commandements sont les plus grands et à eux seuls, et ils résument la loi et les prophètes. (Matt 22 :38 et Marc 12 :28-31).

Dans ce texte de Jean 13 :34, Jésus Christ introduit deux nouvelles dispositions à l'amour à savoir : 1). Son sacrifice a la croix comme rançon, 2). L'exemple à prendre sur lui-même par rapport à ce que nous nous avons dans le texte de l'AT, qui dit tout simplement *« tu aimeras... »*. L'amour de Christ envers son peuple pour lequel il a donné sa vie en rançon est tout à fait nouveau, et s'est érigé par conséquent comme modèle et standard pour les disciples. La volonté de Dieu est que nous cherchions à lui ressembler, et que nous aimions comme lui nous a aimés. Sans amour, la grande et puissante famille de Dieu ne pourra exister. Nous ne saurons être unis sans ce lien de la perfection. Nous ne sommes rien devant Dieu sans l'amour.

"Devenez donc les imitateurs de Dieu, comme des enfants bien-aimés ; et marchez dans la charité, à l'exemple de Christ, qui nous a aimés, et qui s'est livré lui-même à Dieu pour nous comme une offrande et un sacrifice de bonne odeur."

(Ephésiens 5:1-2 LSG)

Jésus Christ est modèle pour ceux qui sont nés de Dieu Jean 1 ; 12-14. Celui qui ne possède pas la vie de Dieu en lui ne peut être imitateur de Dieu et Dieu ne peut lui demander de devenir son imitateur. Sous l'inspiration du Saint Esprit. Paul s'adresse donc aux disciples de Christ. Dans la vie et dans le ministère Christ est notre modèle. Nous devons lui ressembler dans la charité et dans l'humilité. Le mot charité fait référence à l'immense amour dont Christ nous a aimés, et qu'il a manifesté en donnant sa vie en rançon pour nous. Dans 1 Corinthiens 13:1 Paul donne une image plutôt éloquente celle *d'Une cymbale qui retentit* et qui produit un bruit assourdissant. Tout chrétien dépourvu d'amour ressemble bien fort en tout point à une cymbale dont le vacarme éloigne plutôt qu'il n'attire.

1. Distinction entre amour et affection fraternelle

Il y a une distinction à faire à ce point entre affection fraternelle et amour. Dans 2 Pierre 1 :5,7 il est dit : *« à cause de cela même, faites tous vos efforts pour joindre à votre foi la vertu, à la vertu la science, à la science la tempérance, à la tempérance la patience, à la patience la piété,* ***à la piété l'amour fraternel, à l'amour fraternel la charité*** *»*.

L'amour que Jésus Christ commande est d'un niveau très élevé et d'une autre nature. Il ne peut être rabaissé à la dimension de la relation agréable que l'on constate entre frère et sœur d'une famille, il n'est pas non plus cette sorte des relations agréables que les différentes communautés entretiennent dans le monde sous diverses organisations au nom d'une certaine fraternité. L'affection fraternelle, est naturelle à la race humaine et à chaque communauté auquel s'ajoutent souvent des sentiments charnels de tout ordre.

L'amour et l'affection fraternelle ne sont pas opposés l'un à l'autre. Dans l'exhortation de 2 Pierre il est question de dépasser le niveau de la bonté, de la courtoisie et de la générosité, de l'affection fraternelle et arriver à l'amour de sacrifice et donc aimer comme Christ a aimé.

2. Aimer est une question de naître de nouveau

"..., si un homme ne naît d'eau et d'Esprit, il ne peut entrer dans le royaume de Dieu. Ce qui est né de la chair est chair, et ce qui est né de l'Esprit est esprit. Ne t'étonne pas que je t'aie dit : Il faut que vous naissiez de nouveau. Le vent souffle où il veut, et tu en entends le bruit ; mais tu ne sais d'où il vient, ni où il va. Il en est ainsi de tout homme qui est né de l'Esprit."

(Jean 3 :5-8 LSG)

L'amour que Jésus Christ recommande est d'une nature divine car il se reçoit lors de la nouvelle naissance par la foi et il est un acte de foi. C'est un amour spirituel car il est répandu en nous par le Saint Esprit. Car l'homme charnel ne peut ni comprendre ni accomplir la loi de Dieu dans sa perfection selon 1 Corinthiens 2 :14 LSG *"Mais l'homme animal ne reçoit pas les choses de l'Esprit de Dieu, car elles sont une folie pour lui, et il ne peut les connaître, parce que c'est spirituellement qu'on en juge."*. Mais ceux qui naissent d'eau et d'esprit selon *Jean 3 :5* reçoive la nature de Dieu : Il faut être engendré par Dieu pour avoir sa nature, et devenir une nouvelle créature selon Dieu. C'est à ce titre que nous pouvons recevoir les choses de Dieu, à commencer par son Amour. *« Mais à tous ceux qui l'ont reçu, il a donné le pouvoir de devenir enfants de Dieu ; à ceux qui croient en son nom, 13. Lesquels ne sont point nés du sang, ni de la volonté de la chair, ni de la volonté de l'homme, mais de Dieu ».*

Le commandement nouveau, concerne essentiellement les disciples du Christ. Ceux qui sont dans le royaume de Dieu. Ceux qui sont nés de nouveau et qui ont reçu le Saint Esprit. Seuls ceux-là sont capables d'aimer comme Christ a aimé. Ceci veut dire que le chrétien a en particulier cette responsabilité de démontrer l'amour en se soumettant à cet ordre. Aimer comme Christ est un commandement de Dieu, une loi spirituelle qui concerne le royaume de Dieu.

Chaque chrétien doit en prendre la mesure et s'y soumettre afin de donner un sens à ce que nous prêchons concernant la vie de Christ et son œuvre. Cependant, il semble que même au sein de l'église aimer selon Jésus Christ est encore un concept étranger.

3. Un cœur pur

"Ayant purifié vos âmes en obéissant à la vérité pour avoir un amour fraternel sincère, aimez-vous ardemment les uns les autres, de tout votre cœur,"

(1 Pierre 1:22 LSG)

En obéissant à la vérité, nous purifions nos âmes (siège de sentiments) ceci a pour effet de produire un amour fraternel sincères. L'obéissance à la parole de Dieu délivre nos âmes des sentiments égoïstes, malhonnête et hypocrite et impurs ; la pratique de la vérité cultive la nature divine en nous. La recommandation de nous 'aimer ardemment de cœur' est la conséquence logique de ce qui précède. L'amour de Dieu a besoin d'un cœur pur et d'une âme délivrée pour s'exprimer. *« L'amour des frères, fruit de la vie régénérée et impérissable. Si donc vous avez purifié vos âmes, en obéissant à la vérité, pour avoir un sincère amour fraternel, pratiquez cet amour sans relâche, puisque vous avez été régénérés par la parole de*

Dieu, qui demeure, tandis que toute chair passe comme l'herbe » (bible annotée).

La parole de Dieu nous montre que l'homme a un cœur méchant, un cœur qui ne médite que le mal, un cœur égoïste, cruel, hautain. *" Et l'Eternel vit que la méchanceté de l'homme était grande sur la terre et que tous les desseins des pensées de son cœur n'étaient que mal continuellement."* (Genèse 6:5 LSG). Jérémie, le prophète ajoute en disant *"Le cœur est tortueux par-dessus tout, et il est méchant : Qui peut le connaître ?"* (Jérémie 17:9 LSG). Le cœur est méchant et incrédule (Hé 3:12 LSG) ; source de mauvaises pensées (Mt 15:19 LSG), endurci (Ep 4:18 LSG), désobéissant et impénitent (Rom 2:5 LSG). Aussi, la parole de Dieu dit-elle que c'est le cœur qui est la source de toute chose : *"Garde ton cœur plus que toute autre chose, Car de lui viennent les sources de la vie."* (Proverbes 4:23 LSG).

Tout naturellement l'on ne peut pas espérer qu'un tel cœur développe l'amour qui n'y est déjà pas. La nouvelle façon de nous aimer que recommande le Seigneur Jésus Christ, n'est pas naturelle ; elle n'est pas non plus humaine et elle ne procède pas de la chair. C'est nouveau parce que c'est l'amour que Dieu donne à ses enfants. Par conséquent il faut bien admettre que l'homme irrégénéré ne peut en aucun cas en être capable.

Ce commandement nouveau est d'abord adressé au disciples et plus tard à l'église par les apôtres. Les disciples sont une catégorie des gens qui ont foi en Dieu. Ceux qui sont passés par la nouvelle naissance. *Aimer comme Christ a aimé* est une affaire de ceux qui sont nés de nouveau.

Dieu avait promis depuis les temps, qu'il allait ôter les cœurs de pierre (insensible) les remplacer avec un cœur un cœur de chair (sensible) en mettant son Esprit en nous afin que l'homme soit capable de suivre ses ordonnances *"Je vous donnerai un cœur nouveau, et je mettrai en vous un esprit nouveau ; j'ôterai de votre corps le cœur de pierre, et je vous donnerai un cœur de chair. Je mettrai mon esprit en vous, et je ferai en sorte que vous suiviez mes ordonnances, et que vous observiez et pratiquiez mes lois."* (Ezéchiel 36:26-27 LSG).

A la nouvelle naissance Dieu le Saint Esprit enclenche le processus de la régénération par lequel la nature de Dieu est concrétisée et nous possédons ce cœur nouveau dans lequel ses lois sont écrites. Par la suite nous sommes conscients de la transformation qui prend place en nous sans savoir ni comment ni quand, tel l'image du vent qui souffle comme le Seigneur Jésus Christ l'indique dans le texte de Jean 3.

4. L'amour de Dieu est répandu dans nos cœurs par le Saint Esprit

" Parce que l'amour de Dieu est répandu dans nos cœurs par le Saint-Esprit qui nous a été donné." (Romains 5 :5 LSG)

Pour pouvoir aimer comme Christ, il nous faut être de la même nature que Lui. Pour être de la même nature que Lui il faut à avant tout naitre de nouveau en acceptant l'offre du salut de Dieu par l'œuvre de Jésus Christ selon Jean 1:12-13. Devenir enfant de Dieu ; naitre d'eau et d'esprit constitue le premier pas nécessaire dans la perspective '*d'Aimer comme Christ a aimé'*.

Etant devenu enfant de Dieu, nous recevons son Esprit qui habite en nous 1 Cor 6 :19. Le Saint Esprit qui habite en nous est celui qui répand en nous l'amour de Dieu. L'amour de Dieu dont il est question dans ce texte de Romains 5 :5 n'est pas celui que nous, humain avons pour Dieu. Les versets qui suivent indiquent plutôt qu'il s'agit de l'amour que Dieu a pour nous. Cet amour par lequel Dieu nous a donné son fils unique, lequel amour a poussé Jésus Christ à donner sa vie en sacrifice pour nous. C'est par cet amour que Jésus Christ a abandonné toute la gloire qu'il avait auprès de Dieu afin de venir ici-bas pour nous sauver. C'est cet amour-là que le Saint Esprit répand dans nos cœurs. C'est cet amour que Christ ordonne comme *un commandement nouveau*.

Nous devons nous aimer les uns les autres de cet amour qui procède de l'Esprit de Dieu. Ce commandement nouveau se rapportent davantage à la sphère spirituelle et morale. Dans son application, l'amour agapè est fonction la relation que nous développons avec Dieu sur base de notre nature régénérée, et de la volonté à obéir à Dieu plutôt que du sentiment.

Dieu est amour, et il nous communique sa nature d'amour à la nouvelle naissance, et nous donne son Esprit qui vivifie cette nature en répandant dans nos cœurs un amour si grand et si fort afin de nous rendre capable du bien. Tout cette œuvre se fait à l'intérieur du corps de Jésus Christ dont tout chrétien est membre.

Aimer est la marque de ceux qui appartienne à Dieu *"A ceci tous connaîtront que vous êtes mes disciples, si vous avez de l'amour les uns pour les autres."* (Jean 13 :35 LSG). Le monde est plein de rassemblements de toutes sortes et de toute catégorie. Elles ont toute à la base les rapports humains et leurs talents, buts et objectifs que se fixent les hommes. Seule l'Église se trouve être au monde un rassemblement dont le fondement, l'objectif et la motivation sont l'Amour : l'Amour de Dieu manifesté en Jésus Christ.

L'Amour est l'essentiel de l'évangile, du message de la parole de Dieu. En nous donnant sa nature et son Esprit Dieu indique par-là que tout enfant de Dieu né de nouveau a la vocation d'aimer comme Lui. L'Église a cette mission et doit l'assumer.

5. Aimer, Œuvre du Saint Esprit

Le concept de l'amour comme nouveau commandement est radicalement différent de l'amour naturel, et de l'affection fraternelle des humains. Naturellement nous avons tendance à n'aimer que ceux qui nous aiment. Nous n'acceptons que ceux qui peuvent répondre à nos intérêts et souvent nous accordons un semblant de pardon seulement lorsque c'est à notre avantage, ou lorsque notre ego est flatté. Dans notre logique humaine il est impossible d'avoir un sentiment de bien envers un ennemi : Il nous est difficile d'avoir de l'affection ou de l'admiration pour ce qu'il est ou ce qu'il fait ; il nous est difficile de nous sentir à l'aise en sa présence.

L'homme dans tous ses efforts n'a pas su ni aimer Dieu de tout son cœur et de tout son être comme l'exige Dieu. Aussi voyons-nous, l'homme incapable d'aimer son prochain comme lui-même, surtout incapable d'aimer son ennemi. L'homme est tout simplement incapable de l'Amour comme Dieu l'avait ordonné. Bien que l'homme pouvait avoir la volonté mais il n'en avait pas le pouvoir.

> *« Et moi, je prierai le Père, et il vous donnera une autre aide, afin qu'il soit éternellement avec vous »* Jean 14 :16.

La prescription d'aimer donnée par Dieu est de nature spirituelle, il va de soi que c'est spirituellement qu'elle devait trouver l'énergie nécessaire pour son accomplissement (*Romains 7 :14*). Dans Jean 14 :16, Jésus avait promis une aide c'est-à-dire le Saint Esprit. En effet oui, le Saint esprit est l'aide dont les disciples de Christ ont besoin, à chaque instant et pour l'éternité. L'œuvre de Dieu en nous ne peut se faire que par son Esprit voire Zacharie 4 :6. Jésus Christ présente la vérité comme un univers inconnu dans lequel seul son Esprit viendrait instruire et guider les disciples. Son Esprit pour nous enseigner toute chose et nous conduire dans la vérité : dans ce commandement nouveau, il n'est pas simplement question d'aimer mais d'aimer comme Christ a aimé. C'est par Le Saint Esprit que nous sommes capable de faire ce que Christ notre exemple a fait et même plus.

L'Esprit que Dieu donne à ceux qui lui appartiennent, les sanctifie, les vivifie en les maintenant dans une communion parfaite avec LUI. Le Saint Esprit nous établit dans le rapport d'un amour infaillible, avec Christ, Dieu et avec tous les membres du corps du Christ (l'église). De ce fait, l'église, est le seul endroit où retrouver l'amour tant recherché mais jamais trouvé ; un amour tant défendu et non jamais compris ; un amour à la fois tant désiré mais chaque fois rejeté.

Voyant le nombre d'organisations au nom de l'amour, il y a lieu de se demander pourquoi ne voyons nous pas leur impact sur le cœur de l'homme. Certes, elles offrent un soulagement émotionnel, et quelques fois matériel. Mais l'esprit de l'homme reste dans la solitude, dans les ténèbres et la souffrance même au milieu des rassemblements somptueux aux fins desdits collectes des fonds caritatifs. L'œuvre du Saint Esprit en nous disciples de Christ, c'est de mettre l'amour de Dieu en évidence au travers de la communion et l'union à Dieu en Christ ; et de nous faire briller de l'amour de Dieu à la face du monde par sa puissance.

Non seulement le Saint Esprit nous établit dans un rapport d'amour infaillible avec Dieu en Christ, mais aussi il nous unit les uns aux autres en Christ comme un corps. L'échec de l'église comme organisation aujourd'hui résulte du fait que nous cessons de mettre Christ au centre de nos vies. Nos prières, nos actions, nos engagements n'ont presque plus de rapport avec Christ et son corps. L'égoïsme est présent dans nos communautés chrétiennes et sans s'en rendre compte nous sommes bien portés sur nous-mêmes. De plus en plus nous n'avons plus de temps à prier les uns pour les autres, nous n'avons plus le temps à communier avec le autres, nous n'avons pas le temps à servir les autres etc. Rappelons que Christ nous a racheté et ramené à la vie pour Dieu son Père. Il ne s'agit aucunement de nous (moi), il s'agit de Dieu. C'est du corps de Christ dont chaque croyant est membre et devrait accepter cette vérité pour en vivre les avantages et démontrer l'amour fraternel.

Dans l'église des apôtres l'amour était un fer de lance. La croissance spectaculaire était le fait de chacun s'identifiant à ce corps naissant dans l'amour et la communion par l'Esprit de Dieu. Paul dit *« je puis tout en Celui qui me fortifie »*.

"Qui ne s'assure que sur ses propres forces, connaîtra bientôt, par une triste expérience, qu'il ne peut rien sans Jésus-Christ : qui ne s'appuie que sur sa grâce, éprouvera, par sa fidélité, qu'elle est toute-puissante. Quelle consolation dans l'extrémité de nos maux et de notre faiblesse !

Ne nous la ravissons point à nous-mêmes, ou par défiance ou par présomption." Quesnel.

6. Vous recevrez une puissance

« Vous recevrez une puissance, le Saint-Esprit survenant sur vous, et vous serez mes témoins à Jérusalem, dans toute la Judée, dans la Samarie, et jusqu'aux extrémités de la terre » (Actes 1:8).

Plusieurs questions se posent en rapport avec l'amour : Comment aimer Dieu de tout son cœur et de toute sa force ? Comment aimer son prochain comme soi-même ? Comment aimer son ennemi ? Comment pardonner soixante-dix-sept fois sept ? Bref comment aimer comme Christ a aimé ?

Le Seigneur Jésus avant de s'en aller a promis aux disciples la venue du Saint Esprit et a indiqué quel serait son rôle dans la vie des croyants. Dans le texte du verset 8 des Actes 1 il s'agit pour les disciples de recevoir une puissance par le Saint Esprit afin d'être capable de témoigner Jésus Christ. L'amour de Dieu étant l'essentiel du témoignage avait besoin du souffle de Dieu. L'Esprit de Dieu devait préparer les disciples à leur tâche, en étant en eux une puissance, inimaginable a la foi spirituelle, intellectuelle et morale, pour témoigner la vie sainte, les œuvres, la vérité et tout particulièrement l'amour de Jésus-Christ. C'est cette même puissance qui était sur notre Seigneur Jésus Christ sans mesure et par laquelle il guérissait les malades, les infirmes et les aveugles, apaisait la tempête et même ressuscitait des morts. L'apôtre Pierre dans son discours souligne ce fait en disant ceci *« vous savez comment Dieu a oint du Saint-Esprit et de force Jésus de Nazareth, qui allait de lieu en lieu faisant du bien et guérissant tous ceux qui étaient sous l'empire du diable, car Dieu était avec lui. »* Actes 10 :38.

Tout ce que Christ a accompli, il l'a fait par l'Esprit de Dieu qui le guidait. C'est par cette même puissance qu'il put pardonner à ses bourreaux et accepter la mort humiliante de la croix. Jésus Christ nous a fait une promesse à travers les disciples en disant que par le Saint Esprit nous ferons tout ce qu'il fait et même plus. Ainsi, par le Saint Esprit de Dieu, nous recevons la puissance de Dieu, celle par laquelle Il soutient sa création, celle par laquelle il a ressuscité Christ d'entre les morts.

Le Saint Esprit nous donne la puissance de Dieu pour être ses témoins *"Mais vous recevrez une puissance, le Saint-Esprit survenant sur vous, et vous serez mes témoins ..."* (Actes 1:8 LSG).

Etant donné que c'est par cette puissance que Christ fut capable d'observer parfaitement les dix Commandements qui sont résumés dans l'amour de Dieu et celui du prochain ; il est tout à fait évident que ceux qui reçoivent le Saint Esprit possèdent aussi cette puissance et soient tout aussi capable d'aimer comme Christ a aimé. Dans un commentaire sur le Saint Esprit il est dit ceci *« Les chrétiens ne sont pas tous appelés à être des prédicateurs, mais ils sont tous appelés à être des témoins. Le Saint-Esprit nous a été envoyé afin que nous soyons des témoins de Christ. De nos jours, de nombreux chrétiens affirment : « J'ai reçu le Saint-Esprit », mais ils ne témoignent pas. C'est impossible. Celui qui est rempli du Saint-Esprit témoignera toujours pour Christ. Celui qui ne témoigne pas n'est pas rempli du Saint-Esprit »*. Le message central de ce témoignage c'est l'amour de Dieu pour le salut de l'humanité, de l'homme.

7. Aimer est fruit du Saint Esprit

« Mais le fruit de l'Esprit, c'est l'amour, la joie, la paix, la patience, la bonté, la bénignité, la fidélité, la douceur, la tempérance ; la loi n'est pas contre ces choses. Ceux qui sont à Jésus-Christ ont crucifié la chair avec ses passions et ses

désirs. Si nous vivons par l'Esprit, marchons aussi selon l'Esprit. » Galates 5 :22

Le saint Esprit est vital dans cette métaphore. Il est essentiel de saisir le fait que ce n'est pas nous qui allons par nos propres forces produire l'amour ; c'est Dieu par son Esprit qui habite en nous et c'est pour cela qu'on l'appelle *"le fruit de l'Esprit"*. C'est de l'action du Saint Esprit qui répand l'amour de Dieu dans nos cœurs que c'est possible de développer une vie pleine des actes et des paroles d'amour. L'idée d'une plantation que suggère cette métaphore compare le cœur de l'homme à un champ cultivé. La présence de Dieu le Saint Esprit dans la vie du chrétien est non seulement la source de l'amour, mais aussi le moyen par lequel cet amour comme un fleuve doit se répandre tout autour de nous. Un cœur dans lequel l'amour de Dieu est répandu ne peut qu'en être débordé au dehors. Christ a dit *"mais celui qui boira de l'eau que je lui donnerai n'aura jamais soif, et l'eau que je lui donnerai deviendra en lui une source d'eau qui jaillira jusque dans la vie éternelle."* (Jean 4:14 LSG) *; "Celui qui croit en moi, des fleuves d'eau vive couleront de son sein, comme dit l'Ecriture."* (Jean 7:38 LSG)

Un fruit est la manifestation de la vie d'une plante soit-elle bonne ou mauvaise. Dans ce cas précis par la loi de l'esprit de vie de Christ l'amour est bien produit du Saint Esprit dans la vie du chrétien. Cette illustration nous engage à rester dans les conditions d'attachement à Dieu. C'est dans l'union au Christ que devenant un même Esprit que c'est possible de produire ce fruit en nous comme il est écrit *"Mais celui qui s'attache au Seigneur est avec lui un seul esprit."* (1 Corinthiens 6:17 LSG), A cet effet, Jésus Christ a déclaré dans Jean 15 :1-5 *« Je suis le vrai cep, et mon Père est le vigneron. Tout sarment qui est en moi et qui ne porte pas de fruit, il le retranche ; et tout sarment qui porte du fruit, il l'émonde, afin qu'il porte encore plus de fruit. Déjà vous êtes purs, à cause de la parole que je vous ai annoncée. Demeurez-en moi, et je demeurerai en vous. Comme le sarment ne peut de lui-même porter du fruit, s'il ne demeure attaché au cep, ainsi vous ne le pouvez non plus, si vous ne demeurez en moi. Je suis le cep, vous êtes les sarments. Celui qui demeure en moi et en qui je demeure porte beaucoup de fruit, car sans moi vous ne pouvez rien faire. Si quelqu'un ne demeure pas en moi, il est jeté dehors, comme le sarment, et il sèche; puis on ramasse les sarments, on les jette au feu, et ils brûlent ».*

Aimer est le résultat de l'union du chrétien avec Jésus, qui est le cep de Dieu. Il s'agit donc de vivre attaché à Christ, comme le sarment est attaché au cep d'où il tire la subsistance de sa vie. Ces versets évoquent tout à la fois l'incapacité de l'homme à produire des bonnes œuvres de Dieu, l'amour y compris et la possibilité que Dieu nous offre pour y parvenir. Nous pouvons bien comprendre qu'il n'est pas du tout ici question du fruit de notre travail c'est à dire des actes et gestes qui proviendraient de nos efforts humains, ni des résultats de notre intelligence ou de nos activités dans l'Église. Bien au-delà de tout cela il s'agit de la nature de Christ dans nos vies, comme le fruit d'une plante qui naît, se développe et vient à maturité, pour produire les mêmes résultats comme ceux de Christ. Aimer comme Christ a aimé, pardonner comme Christ a pardonné, servir comme Christ a servi etc.

Le fruit représente les activités, les œuvres humaines, leur conduite. On reconnait un arbre par son fruit (Matthieu 7 :16-20). Le manque de nous aimer indique clairement quel arbre sommes-nous. Certainement pas celui dans lequel coule la sève du Seigneur, non plus celui attaché au Christ.

L'absence des actes indispensables à la manifestation de l'amour fait ressembler le chrétien et l'organisation de l'église à n'importe quelle autre organisation de ce monde. Nous sommes dans ce monde mais non de ce monde.

8. Aimer est une question des actes et des œuvres.

"Par exemple, un frère ou une sœur n'ont pas de vêtements, ils n'ont pas à manger tous les jours. Parmi vous, quelqu'un leur dit : « Allez en paix ! Allez vous habiller, et bon appétit ! » Mais ces paroles servent à quoi, si vous ne leur donnez pas ce qu'il faut pour vivre ?" (Jacques 2:15-16 PDV)

De nos jours il n'est pas étonnant de rencontrer des gens dans les églises qui pratiquent un amour sans les œuvres, pour emprunter l'expression de jacques 2 :17, je dirai un amour sans les actes et les œuvres est un amour mort. Ce qui est à mettre en cause n'est pas l'amour lui-même en réalité mais plutôt la profession de l'amour.

Aimer c'est entreprendre une action concrète dans le besoin du nécessiteux pour le soulager. Christ n'a pas eu d'autre moyen de montrer son amour que d'entreprendre des actes que les hommes verraient pour certifier et témoigner. De même qu'il n'y a pas d'autres moyens de montrer notre amour en tant qu'enfants de Dieu les uns pour les autres sauf si nous sommes appliqués dans les actes que suscite la nature d'amour que le Saint Esprit a répandu dans nos cœurs.

À l'exemple de la collecte faite à Corinthe, les églises membres du corps de christ qui doivent venir en aide aux autres églises en difficultés ; les chrétiens ayants les moyens peuvent aussi assister les nombreux frères et sœurs en manque de vêtements et de la nourriture quotidienne. Ceux qui sont déjà stables et affermis doivent prendre du temps pour prier pour les démunis. Nous devons avoir le temps de nous approcher de ceux qui souffrent de leur solitude, le temps pour accueillir ceux qui recherchent la chaleur d'un foyer etc.

Mais cela tenant compte de ce que dit Paul : *"Ainsi donc, pendant que nous en avons l'occasion, pratiquons le bien envers tous, et surtout envers les frères en la foi."* (Galates 6:10 LSG). Ce qui est à souligner ici c'est l'ordre des priorités. Les églises qui sont capable de faire des œuvres caritatives doivent le faire premièrement envers les membres nécessiteux au sein du corps du Christ disséminés sur tous les continents. Prendre soin des siens (ceux de sa famille ; dans ce cas la famille de la foi en Christ) est fortement recommandé *"Si quelqu'un n'a pas soin des siens, et principalement de ceux de sa famille, il a renié la foi, et il est pire qu'un infidèle."* (1 Timothée 5:8 LSG)

Mais il y a aussi de plus en plus des actes qui tendent à imiter l'amour. L'altruisme et le dévouement ne sont pas de l'amour nécessairement. Le monde a su trouver d'autres principes à substituer à l'amour. Dans l'aveuglement les actes semblables sont applaudis comme actes ou œuvres d'amour. Paul dit : *"Je peux parler les langues des hommes et les langues des anges. Mais si je n'aime pas les autres, je suis seulement une cloche qui sonne, une cymbale bruyante. Je peux avoir le don de parler au nom de Dieu, je peux comprendre tous les mystères et posséder toute la connaissance. Je peux avoir une foi assez grande pour déplacer les montagnes. Mais si je n'aime pas les autres, je ne suis rien ! Je peux distribuer toutes mes richesses à ceux qui ont faim, je peux livrer mon corps au feu. Mais si je n'aime pas les autres, je n'y gagne rien !"* (1 Corinthiens 13:1-3 PDV)

Ce texte de la bible, est un avertissement sévère d'abord pour l'église. L'apôtre Paul n'oppose pas l'amour à ces dons ; il ne dit pas non plus que l'amour les remplace. Car dit-il on peut avoir les dons des langues en avoir la prouesse et l'éloquence ; ou avoir la science, la prophétie ; la foi elle-même ; ou encore avoir des œuvres grandioses de dévouement héroïque mais si dans tout cela il n'y a pas l'amour c'est inutile. L'altruisme et le dévouement ne sont pas de l'amour nécessairement *« Et quand je distribuerais tous mes biens pour la nourriture des pauvres, quand je livrerais même mon corps pour être brûlé » (V3. LSG).* La différence entre les deux est que lorsque c'est l'amour qui est le principe et la motivation, les actes donnent gloire à Dieu et édifient l'église. Tandis que l'altruisme et l'héroïsme glorifient l'homme et enflent d'orgueil. Remarquons une chose très importante ; dans une église tout le monde n'a pas les mêmes dons de parler en langue, bien évidement aussi tous ne prophétisent pas, et n'ont pas le don de connaissance, et même que tous n'ont pas les moyens des œuvres philanthropiques, ou la capacité héroïque car tous ces dons relèvent d'une grâce et c'est Dieu qui donne à qui il veut comme il le veut. Mais de toute cette liste l'amour n'y est pas mentionné comme don car il est un attribut de Dieu : *Dieu est amour.*

Et cet attribut de Dieu nous est communiqué à tous par le Saint Esprit. Il doit accompagner tous les dons et leurs pratiques. Sans cet amour, l'apôtre qualifie tous ces dons comme des bruits et sans valeurs. L'amour dans ce contexte est plutôt une expérience que connait celui qui vit et se laisse conduire par l'Esprit de Dieu, car celui-ci est enfant de Dieu *"car tous ceux qui sont conduits par l'Esprit de Dieu sont fils de Dieu."* (Romains 8:14 LSG) ; *"Et parce que vous êtes fils, Dieu a envoyé dans nos cœurs l'Esprit de son Fils, lequel crie: Abba ! Père !"* (Galates 4:6 LSG)

Si aimer est dans la nature de Dieu et que cette nature nous est communiquée par le Saint Esprit, il convient de noter que c'est le même Esprit de Dieu qui développe les actes et œuvres comme fruits qui manifestent l'amour. Le monde est rempli des bruits des cymbales qui fatiguent les oreilles et empêchent d'écouter le vrai message de l'amour pour le salut de l'humanité.

Les héros, les altruistes et philanthropes, le monde n'en manque pas ; Mais l'église est le seul endroit où l'amour est possible parce que nous sommes enfants de Dieu et conduits par son Esprit Saint. Le chrétien est supposé vivre dans ce monde mais pas comme du monde, plutôt en citoyen de la cité de Dieu. Mais à la place, nous vivons loin de la vérité de la cité de Dieu et nous manifestons une faible image de l'amour de Dieu dans les limites de nos considérations individuelles et égoïstes. Pour redonner à l'évangile sa puissance, et à l'église son impact dans le monde nous devons accepter que l'esprit de Dieu doit être maitre et capitaine de nos vies. Car il nous conduit à bien naviguer dans le véritable Dieu qui aime tout le monde sans exception. Aimer comme Christ est le résultat de l'œuvre du Saint Esprit.

9. Aimer est un engagement de volonté et rationnel

"... Au milieu de beaucoup de tribulations qui les ont éprouvées, leur joie débordante et leur pauvreté profonde ont produit avec abondance de riches libéralités de leur part. Ils ont, je l'atteste, donné volontairement selon leurs moyens, et même au-delà de leurs moyens, nous demandant avec de grandes instances la grâce de prendre part à l'assistance destinée aux saints. Et non seulement ils ont contribué comme nous l'espérions, mais ils se sont d'abord donnés eux-mêmes au Seigneur, puis à nous, par la volonté de Dieu. ...." (2 Corinthiens 8:1-9 LSG)

L'amour agape, est un amour de volonté et d'engagement. C'est un amour rationnel. Dans ce texte aux corinthiens, la collecte qui se faisait à Corinthe, comme dans les autres églises, afin de secourir l'église de la Judée dans son grand besoin, la première chose qui saute aux yeux c'est la volonté et l'engagement des macédoniens à prendre part à une bonne œuvre de charité. Paul le dit : « *Ils ont, je l'atteste, donné volontairement selon leurs moyens, et même au-delà de leurs moyens, nous demandant avec de grandes instances la grâce de prendre part à l'assistance destinée aux saints* ». La deuxième chose c'est un vibrant appel de Paul aux corinthiens à avoir la volonté et à s'engager à exceller dans la charité (l'amour) comme ils excellent dans les autres choses « De *même que vous excellez en toutes choses, en foi, en parole, en connaissance, en zèle à tous égards, et dans votre amour pour nous, faites en sorte d'exceller aussi dans cette œuvre de bienfaisance* ».

Il y a d'abord la connaissance du bien à faire d'une part et la volonté et l'engagement à le faire et d'autre part il y a le don de soi que Paul souligne v5 « *Et non seulement ils ont contribué comme nous l'espérions, mais ils se sont d'abord donnés eux-mêmes au Seigneur, puis à nous, par la volonté de Dieu* ». Quand on arrive à faire don de soi-même à Christ dans une relation intime alors on est capable d'aimer et d'agir comme on le voit. Christ nous donne un exemple encore une fois. Il est écrit : *"C'est pourquoi Christ, entrant dans le monde, dit : Tu n'as voulu ni sacrifice ni offrande, Mais tu m'as formé un corps ; Tu n'as agréé ni holocaustes ni sacrifices pour le péché. Alors j'ai dit : Voici, je viens Dans le rouleau du livre il est question de moi Pour faire, ô Dieu, ta volonté. Après avoir dit d'abord : Tu n'as voulu et tu n'as agréé ni sacrifices ni offrandes, Ni holocaustes ni sacrifices pour le péché ce qu'on offre selon la loi, il dit ensuite : Voici, je viens Pour faire ta volonté. Il abolit ainsi la première chose pour établir la seconde. C'est en vertu de cette volonté que nous sommes sanctifiés, par l'offrande du corps de Jésus-Christ, une fois pour toutes." (Hébreux 10 :5-10 LSG)*

Ce texte parle de comment le Messie nous a aimés au point de donner sa vie afin de nous sanctifier. C'est parce que Christ nous a aimés que nous sommes sauvés et sanctifiés. Mais comment Christ a-t-il fait cela ? Jésus Christ dit « *Voici, je viens Pour faire ta volonté* » ; Il a vu la souffrance de l'homme et son incapacité à se sauver lui-même, il a compris l'amour et la volonté de Dieu à l'égard de l'homme et s'est engagé auprès de son Père pour accomplir la volonté de ce dernier. Derrière cette scène, nous voyons que c'est l'engagement du Messie qui nous permet de dire que Dieu nous aime beaucoup. Comme il est écrit ***c'est en vertu de cette volonté*** toute ferme que nous connaissons son amour pour nous. C'est de cette façon que Christ recommande que nous nous aimions.

L'Esprit de Dieu est un Esprit d'intelligence, de connaissance aussi. Il est capable de nous faire comprendre comment nous aimer. Il connait les besoins des uns et des autres, il connait la volonté Dieu pour les uns et les autres, il crée en nous le vouloir et le faire. S'il habite en nous, comme Dieu nous l'a donné, aimer comme Christ est possible. Mais nous devons accepter de marcher par LUI, nous soumettre en toute obéissance à sa connaissance, à son intelligence, à sa puissance et à sa volonté. Notre plus grand problème est que, nous sommes restés plus homme sentimental que spirituel. Tant que nous ne sentons rien, 'aimer' ne nous concerne pas. Même quand nous voyons les besoins des autres ; nous manquons de volonté pour nous engager à agir. L'Esprit de Dieu peut montrer ainsi la volonté du Père, mais c'est difficile de lui obéir tant que notre intérêt n'y est pas. D'où un placebo d'amour dans les églises et communautés aujourd'hui.

La raison pour laquelle Christ donne ce commandement nouveau est que le monde voie que nous sommes ses disciples afin de donner au monde un témoignage concret de la réalité du message de Christ, par un amour qui s'exprime dans un partage de biens entre croyants : *"A ceci tous connaîtront que vous êtes mes disciples, si vous avez de l'amour les uns pour les autres."* (Jean 13:35 LSG).

Dieu est amour, toute sa démarche vers nous s'inscrit dans cet amour Jean 3 :16. A défaut de montrer une volonté ferme et un engagement pour apporter soulagement, réconfort, encouragement, etc. à ceux des nôtres qui sont dans le besoin et cela au-delà des sentiments personnels que nous pouvons ou ne pas éprouver il est impossible de dire que nous nous aimons comme CHRIST nous a aimés. Si les chrétiens dans les églises n'arrivent pas à aimer comme Christ a aimé, alors nous ne sommes pas disciples de Christ. Par manque de nous aimer les églises perdent l'éclat de l'évangile. La puissance de la prédication de la croix s'évapore parce que nous ne nous aimons pas comme Christ nous a aimés.

CHAPITRE QUATRE

AIMER PAR DEVOIR ET AIMER PAR RAISON

L'organisation du cadre idéal pour le développement et l'épanouissement de l'homme fait partie de l'amour de Dieu. Les 10 commandements ainsi que toutes les autres prescriptions démontrent à quel point Dieu aime l'homme en lui établissant un cadre spirituel et morale idéal a l'exemple du jardin d'Eden pour que ce dernier y vive et s'y épanouisse. 'Aimer', c'est le thème des commandements de Dieu dans toute la bible.

D'une manière générale nous regardons aux commandements de Dieu comme difficiles et voire même impossible à appliquer. C'est vrai lorsque nous considérons que nous y arriverons par nous-même tout naturellement. Lorsqu'il s'agit d'aimer, nous parlons de la matérialisation de l'amour selon la parole de Dieu ; cette compréhension est d'autant fondamentale et beaucoup plus important que les aléas de l'émotion et du sentiment.

Les deux commandements essentiels de la Bible, sont *"Tu aimeras le Seigneur ton Dieu...et tu aimeras ton prochain"*. Ces commandements mettent en évidence deux principes à savoir le DEVOIR, et la RAISON. Dans cette partie de notre exposé nous allons parler de *« aimer par devoir »* et *« aimer par raison »*

1. Aimer par devoir

"Je vous donne un commandement nouveau: Aimez-vous les uns les autres ; comme je vous ai aimés, vous aussi, aimez-vous les uns les autres. A ceci tous connaîtront que vous êtes mes disciples, si vous avez de l'amour les uns pour les autres." (Jean 13:34-35 LSG).

Aimer est un devoir envers Dieu et envers les autres (prochains et ennemis). Le mot devoir peut avoir deux sens : 'avoir à payer' ; être redevable à quelqu'un ou à quelque chose de ce que l'on possède. *'Aimez-vous les uns les autres'* est un commandement, une nécessité qui ne peut en aucun cas se réduire au vouloir d'un individu ainsi qu'à ses humeurs. C'est Dieu qui ordonne l'amour pour lui et entre les hommes *'A ceci tous connaîtront que vous êtes mes disciples, si vous avez de l'amour les uns pour les autres'*. Les disciples de Christ constituent une communauté dont l'objectif est de montrer à tous qu'ils appartiennent à Christ. Etant disciple de Christ nous devons l'amour à Dieu a nos semblables par des actes de charités car c'est la marque de différence des chrétiens envers ***tous*** dans le monde.

Le monde vit des jours mauvais, et il a besoin de l'Amour de Dieu. A cause de la méchanceté du cœur de l'homme, de l'égoïsme, l'individualisme exacerbé etc. Le monde a besoin de voir le véritable amour se développer entre chrétiens afin d'être attiré vers le Christ. Voyons comme Paul décrit le monde dans lequel nous cheminons. Il dit ceci : *"Sache que, dans les derniers jours, il y aura des temps difficiles. Car les hommes seront égoïstes, amis de l'argent, fanfarons, hautains, blasphémateurs, rebelles à leurs parents, ingrats, irréligieux, insensibles, déloyaux, calomniateurs, intempérants, cruels, ennemis des gens de bien, traîtres, emportés, enflés d'orgueil, aimant le plaisir plus que Dieu, ayant l'apparence de la piété, mais reniant ce qui en fait la force. Eloigne-toi de ces hommes-là."* (2 Timothée 3:1-5 LSG).

« La vie ne semble pas très attrayante » D.A. CARSON. Tous les maux ci haut cités proviennent du fait que le véritable amour est absent dans le monde. La cruauté de l'humanité indique combien il est important pour l'église d'aimer comme Christ. Nous vivons dans un temps ou la culture de la jouissance individuelle et celle de vouloir tout posséder pour soi-même crée des comportements d'agressivité et engendre

des souffrances énormes dans nos communautés humaines.

« Ne devez rien à personne, si ce n'est de vous aimer les uns les autres ; car celui qui aime les autres a accompli la loi. » Romains 13 :8. Il souligne l'amour comme la seule dette qui doit nous lier. Aimer est donc, ce que nous avons à payer à tous comme d'une dette. Cependant, la notion de cette dette n'a pas un rapport direct avec ce que nos semblables sont pour nous (prochain ou ennemis), ou même ce qu'ils font pour nous ou contre nous. Il est le fait que nous sommes premièrement redevables envers Dieu : L'amour que la communauté des Chrétiens doit démontrer à tous est d'abord le fait de notre reconnaissance envers Dieu qui nous a aimé le premier et qui est venu vers nous. Puisqu'il nous aimé, alors nous devons aussi nous aimer dit Jésus Christ dans Jean 13 :34-35. A cet égard, le Seigneur Jésus enseigne dans Matt 18 :27-35 comment traiter ceux qui nous offense avec la même mesure que Dieu

use envers nous. Celui qui est pardonné doit aussi pardonner, celui qui est aimé doit aussi aimer.

Aimer est un devoir à remplir eu égard à la nécessiter d'honorer Dieu en accomplissant parfaitement sa parole comme des vrais disciples dans ce contexte difficile du monde actuel où il y a règne de la décadence morale et socioculturelle.

Nous aimer est un devoir qui nous renvoi à la fois à la loyauté et à la fidélité :

a. **La loyauté** ;

La loyauté un mot qui dérive du latin 'legalis', c'est à dire qui a un lien avec la loi. En ce sens, sera dit loyal celui qui tient ses engagements au regard de la loi et de l'autorité qu'elle représente. *Aimer Dieu et Aimer son prochain* représentent la loi et les prophètes, autrement-dit la parole de Dieu qui est une loi parfaite. Et l'autorité que représente cette loi c'est Dieu. La loyauté des chrétiens, est supposée être leur dévouement envers Dieu dans l'amour et le don de soi. Aimer par devoir, sous-entend agir avec honnêteté, dans nos engagements à aimer sur base de la recommandation de Christ. Il est sous-entendu que même dans l'adversité ou la difficulté nous devons être correct. La loyauté implique le fait que l'on ne doit jamais trahir ou abandonné, même dans des temps difficiles etc.

b. Fidélité

Ce mot renvoie quant à lui à la foi. Il s'agit bien là aussi de tenir ses engagements, mais là, ce n'est pas uniquement envers une autorité légalement instituée, reconnue par tous, mais envers ce à quoi l'on accorde foi. Aimer est un acte de foi. La foi dans celui qui est le Créateur, le premier à nous avoir aimé ; avoir foi en celui qui a ordonné d'aimer. Car *« Dieu est amour, l'amour est de Dieu, Celui qui aime est né de Dieu ». 1 Jean 4:7,8*

« Bien-aimés, aimons-nous les uns les autres ; car l'amour est de Dieu, et quiconque aime est né de Dieu et connaît Dieu. Celui qui n'aime pas n'a pas connu Dieu, car Dieu est amour »

2. Aimer par raison.

L'amour véritable est un rationnel et est assumé par la volonté. C'est mettre en œuvre les actes, les paroles, qui permettront au prochain d'exister davantage. L'amour objectif est alimenté par une source dynamique qui lui donne l'énergie suffisante pour surmonter les adversités, les crises ; qui donne aussi le courage de reconnaitre son tort pour demander pardon et accorder son pardon. La qualité et les dimensions de l'amour de Dieu nous dépassent, elles sont insondables à l'esprit humain, mais elles peuvent nous être révélées par l'Esprit de Dieu afin que nous en comprenions toute la grandeur. Voir Ephésien 3 :18-19. Il est donné, redonné, par-delà les crises, les épuisements, et même au-delà toute lassitude morale si profonde soit elle. Voici quelques raisons quelques raisons :

- Aimer parce que Dieu est amour,
- Aimer parce que le Saint Esprit répand en nous l'amour de Dieu
- Aimer parce que Dieu ordonne d'aimer
- Aimer pour répondre à l'amour de Dieu manifesté par le sacrifice de son fils
- Aimer pour montrer au monde que nous appartenons à Dieu

3. Apprendre à aimer

"Pour ce qui est de l'amour fraternel, vous n'avez pas besoin qu'on vous en écrive ; car vous avez vous-mêmes appris de Dieu à vous aimer les uns les autres,"

(1 Thessaloniciens 4:9 LSG).

L'amour fraternel des chrétiens entre eux comme le recommande le Seigneur Jésus Christ dans Jean 13 :34-35 s'apprend directement de Dieu. Il doit se comprendre dans le sens de servir les autres et leur apporter soulagement et satisfaction à leurs besoins les plus légitimes. Cet amour est une dette que l'amour de Christ impose. Et c'est en réponse à cet amour que Christ recommande de nous aimer les uns les autres.

Cet amour nous ne l'avons pas connu en parole seulement, nous l'avons connu par une action et dans la vérité. Loin d'être un simple sentiment, une émotion temporaire ; il est plutôt un acte de sacrifice ultime. C'est en vertu de cette œuvre de sacrifice que l'apôtre Jean dit ce qui suit *"Nous avons connu l'amour, en ce qu'il a donné sa vie pour nous ; nous aussi, nous devons donner notre vie pour les frères. Si quelqu'un possède les biens du monde, et que, voyant son frère dans le besoin, il lui ferme ses entrailles, comment l'amour de Dieu demeure-t-il en lui ? Petits enfants, n'aimons pas en paroles et avec la langue, mais en actions et avec vérité."* (1 Jean 3:16-18 LSG).

Si l'affection fraternel peut se développer naturellement au sein d'une communauté ou un regroupement, Il n'en est pas ainsi de l'amour fraternel car il s'agit d'une application à la compassion et a la miséricorde et non d'une émotion éphémère. Il s'agit de prendre exemple sur Christ qui a donné sa vie pour nous : « *nous aussi, nous devons donner notre vie pour les frères* ».

4. Poser des actes avec vérité

"Que la charité soit sans hypocrisie. Ayez le mal en horreur ; attachez-vous fortement au bien." (Romains 12:9 LSG) voici comment ce verset est-il rendu dans une autre version : *"Que votre amour soit vrai. Détestez le mal, attachez-vous au bien."* (Romains 12:9 PDV). L'amour fraternelle, comme commandement nouveau doit être sincères. C'est dans l'obéissance à la vérité qui est la parole de Dieu et qui est Christ lui-même que nous 'aimer' les uns les autres est possible avec des actes. Nous n'insisterons

jamais assez sur le caractère divin de l'amour que jusqu'ici nous avons souvent considéré comme naturel. Les écritures nous indiquent le contraire et Christ nous ouvre une voie pour vivre le véritable amour que le monde ne peut connaitre car il n'a pas le Saint Esprit, et ne le connait. Seuls ceux qui le connaissent et qui vivent avec lui peuvent aimer étant donné que c'est lui la source et le moyen de l'amour de Dieu. L'obéissance à la vérité est indispensable

Pour aimer les autres, il faut haïr le mal et s'attacher au bien, faire passer les autres avant soi-même, les estimer pleinement, avoir de prévenances, et avoir la ferveur d'esprit et être sans hypocrisie dans nos relations selon Romains 12 :9-13. Le texte aux Colossiens établi aussi dans quelle mesure nous apprenons à aimer, comme élus de Dieu devant revêtir les entrailles de la miséricorde: *"Ainsi donc, comme des élus de Dieu, saints et bien-aimés, revêtez-vous d'entrailles de miséricorde, de bonté, d'humilité, de douceur, de patience."* (Colossiens 3:12 LSG). Ces exhortations sont à l'image de la vie que Christ a mené ici-bas et que sa parole soutien dans son ensemble. Seuls ceux qui sont nés de Dieu et qui acceptent de se soumettre à sa parole dans la vérité peuvent apprendre de Dieu comment aimer au quotidien.

Les chrétiens, disciples de Christ où qu'ils se trouvent sont appelés à être un exemple de l'amour les uns pour les autres non seulement au sein de leur organisation locale mais aussi envers tous les croyants qu'ils peuvent rencontrer.

Dans ce domaine tout chrétien est tenu aux progrès. Le progrès dans la vie chrétienne est indiqué par le fait de se dépouiller de toute disposition contraire à l'amour d'une part, et par le fait de désirer la vérité (mettre la parole de Dieu en pratique) d'autre part. Le péché sous toutes les formes possibles détruit l'amour fraternelle ; l'égoïsme, l'envie, l'immoralité, le mensonge, la haine, l'orgueil etc. ces péchés de plus en plus en vue et en croissance sont entrain de diminuer l'amour fraternel car nous avons ouvert nos cœurs *"Et, parce que l'iniquité se sera accrue, la charité du plus grand nombre se refroidira."* (Matthieu 24:12 LSG) mais en nous communiquant sa nature par son Esprit, la volonté de Dieu est que l'amour des croyants entre eux soit un amour infaillible et d'une intensité persévérante.

DEUXIEME PARTIE

CHAPITRE UN

AIMER DIEU

« Jésus lui répondit: Tu aimeras le Seigneur, ton Dieu, de tout ton coeur, de toute ton âme, et de toute ta pensée. C'est le premier et le plus grand commandement. Et voici le second, qui lui est semblable: Tu aimeras ton prochain comme toi-même. De ces deux commandements dépendent toute la loi et les prophètes ». Matthieu 22 :39-40

Dieu a honoré l'homme de plusieurs manières et surtout par le sacrifice de son fils unique. C'est dans cette même logique que l'homme est redevable vis-à-vis de Dieu. Dieu a béni l'homme en le créant et lui a donné un cadre idéal pour vivre, en lui donnant le pouvoir de dominer et d'assujettir la terre. Il offre au genre humain toutes sortes des bénédictions, et lui fait des promesses de grâces, de sécurité etc. Car il l'a tant aimé. En retour, il demande à l'homme de l'aimer.

1. La subordination du Fils à l'égard du Père

La bible nous donne un exemple sur la relation d'amour qui existe entre Dieu, le Père et le Fils, notre Seigneur Jésus Christ *"Le Père aime le Fils, et il a remis toutes choses entre ses mains."* (Jean 3 :35 LSG) *"Car le Père aime le Fils, et lui montre tout ce qu'il fait ; et il lui montrera des œuvres plus grandes que celles-ci, afin que vous soyez dans l'étonnement."* (Jean 5 :20 LSG). L'unité d'action du Père et du Fils (Jean 5 :19) ne résulte pas seulement de la relation de nature qui les unit en tant que Père et Fils. Jésus Christ a pris soin, dans l'explication (*car*) qu'il en donne, d'accentuer son caractère moral : c'est un ineffable rapport d'*amour* (Jean 3:35), dans lequel le Père se communique au Fils *et lui montre tout ce qu'il fait.* « Celui qui *aime* ne cèle rien »

Bengel. Les mots *voir* (Jean 5:19) et *montrer* (Jean 5:20) expriment des actes. C'est dans cet ineffable rapport d'*amour* qui unit le Fils au Père, que le Fils possède non seulement la plénitude de l'Esprit, mais *toutes choses. « Tout ce qui est à moi, est à toi ; et ce qui est à toi, est à moi »* (Jean 17:10) – commentaire biblique

Le commentateur biblique Burnier quant à lui nous fait remarquer je cite : *« Le Père a mis toutes choses dans la main du Fils, suppose à la fois la subordination du Fils à l'égard du Père et sa dignité suprême : il ne possède que ce qu'il a reçu, mais il a toutes choses entre ses mains ».* Bien que Dieu, Jésus Christ s'est soumis à Dieu. Cet exemple d'unité entre Dieu le Père et Dieu le Fils dans un ineffable rapport d'*amour* est l'objet de la prière de Jésus Christ dans Jean 17 où le Fils demande au Père d'accorder aux disciples la même unité et le même ineffable rapport d'*amour, il dit "afin que tous soient un, comme toi, Père, tu es en moi, et comme je suis en toi, afin qu'eux aussi soient un en nous, pour que le monde croie que tu m'as envoyé."* (Jean 17 :21 LSG).

Dans cette relation soulignons la dépendance du Fils a l'égards du Père. Un autre commentateur biblique ajoute ceci *« Cette dépendance du Fils à l'égard du Père fonctionne à l'intérieur de la Trinité, le cadre divin d'un partenariat d'amour et d'une délégation d'autorité totale »*. C'est dans la subordination à Dieu le Père que Jésus Christ nous apprend comment Aimer Dieu. Il a tout appris de Dieu, il a tout reçu de Dieu et n'a fait que ce que le Père lui demandait de faire. Un disciple de Christ qui ne dépend pas de Dieu n'aime pas Dieu. C'est simple et clair, celui qui aime Dieu et qui vit dans cette communion que Christ décrit dans Jean 5 :20 est dans la dépendance totale à Dieu le Père.

Le texte de Deutéronome -11 :1LSG *Tu aimeras l'Eternel, ton Dieu, et tu observeras toujours ses préceptes, ses lois, ses ordonnances et ses commandements »* - trouve une autre application dans l'exemple de Christ. Christ nous démontre comment aimer dans un rapport intime de communion et de subordination. Il a prié et demandé au père de nous amener dans cet amour qui existe entre lui et le Père. Jésus Christ dit que Dieu est son Père et qu'il est le nôtre aussi or la même relation d'amour qu'il avait avec le Père, il la demande aussi pour nous. Quand Christ reprend ce commandement dans le dans Matt 22 :37, il insiste sur le caractère d'un amour consacré que les croyants doivent démontrer pour Dieu le Père. Un amour volontaire et absolu dans la soumission à sa volonté.

2. Connaitre Dieu

"Je leur ai fait connaître ton nom, et je le leur ferai connaître, afin que l'amour dont tu m'as aimé soit en eux, et que je sois en eux." (Jean 17:26 LSG)

Le but suprême de cette connaissance est de nous établir dans cet ineffable rapport d'amour avec Dieu. *« Jésus veut dire qu'il leur a révélé Dieu, sa miséricorde, sa sainteté, son amour, d'une manière beaucoup plus complète et intime ».* (Commentaire bible annotée). Aimer Dieu n'est pas une sensation, ou un sentiment aveugle qui nous prend et nous lâche parfois. Dans cette relation on ne peut pas dire que *'je sens que j'aime Dieu'* c'est impossible de ramener cet amour à un sentiment. Jésus Christ à enseigné aux disciple la personne de Dieu (toutes ses perfections), sa miséricorde qui dure à toujours et qu'il offre à tous, sans sainteté ainsi que son amour afin que par cette lumière de connaissance reçu de Christ que les disciples soient capables d'aimer Dieu et reçoive le même amour que Dieu a pour Christ. Le seul moyen pour connaitre Dieu et vivre cet amour que le monde ne peut connaitre et de s'ouvrir à Christ, car lui Seul peut nous révéler Dieu dans toutes ses perfections, " *et je le leur ferai connaître, afin que l'amour dont tu m'as aimé soit en eux, et que je sois en eux." (Jean 17:26 LSG)* Faisant allusion au Saint-Esprit, Jésus indique que la connaissance de Dieu allait augmenter car ils seront enseignés davantage par le Saint Esprit *"Quand le consolateur sera venu, l'Esprit de vérité, il vous conduira dans toute la vérité ; car il ne parlera pas de lui-même, mais il dira tout ce qu'il aura entendu, et il vous annoncera les choses à venir. Il me glorifiera, parce qu'il prendra de ce qui est à moi, et vous l'annoncera. Tout ce que le Père a est à moi ; c'est pourquoi j'ai dit qu'il prend de ce qui est à moi, et qu'il vous l'annoncera."* (Jean 16:13-15 LSG). C'est dans cette lumière de la connaissance que l'apôtre Paul dira *"Et même je regarde toutes choses comme une perte, à cause de l'excellence de la connaissance de Jésus-Christ mon Seigneur, pour lequel j'ai renoncé à tout, et je les regarde comme de la boue, afin de gagner Christ,"* (Philippiens 3:8 LSG).

Au fur et à mesure que Dieu se révèle à nous, sa lumière dans notre vie éclaire tout notre être. Notons ici la volonté des disciples à accepter de se faire enseigner par Christ. Cette volonté doit aussi caractériser chaque chrétien aujourd'hui. Dieu est un Dieu qui se révèle à ceux qui le cherche et lui obéissent. Une connaissance qui découle d'une relation personnelle comme celle que Christ avait avec les disciples est nécessaire pour cette dimension de la connaissance de Dieu. Connaitre Dieu nous amène à l'aimer davantage.

Le Saint Esprit établi entre nous et Dieu une relation d'amour dans la connaissance, dans la révélation de Dieu le Père. Aimer Dieu est fonction de la lumière divine que donne sa révélation.

3. Garder Ses Commandements

« Crains Dieu et garde ses commandements, car c'est là le tout de l'homme ». Ecclésiastes 13:13

Le devoir d'aimer Dieu repose sur des prescriptions formelles issues de l'alliance entre Dieu et l'homme ou entre Dieu et un peuple. L'alliance suppose deux parties qui conviennent de marcher ensemble. Dans le cas présent il s'agit de Dieu et l'homme ne de nouveau. Dans l'alliance Dieu établit spécifiquement la nature de la relation que l'homme doit tenir avec LUI ainsi qu'avec le monde qui l'entoure. Le mot garder dans l'A.T. vient de l'Hébreux 'chamar', 'natsar' et il indique l'idée de protéger, prendre en charge. Voyons ce que Moise dit au peuple dans Deutéronome 6 :4-9 *« Ecoute, Israël! l'Eternel, notre Dieu, est le seul Eternel. Tu aimeras l'Eternel, ton Dieu, de tout ton cœur, de toute ton âme et de toute ta force. Et ces commandements, que je te donne aujourd'hui, seront dans ton cœur. Tu les inculqueras à tes enfants, et tu en parleras quand tu seras dans ta maison, quand tu iras en voyage, quand tu te coucheras et quand tu te lèveras. Tu les lieras comme un signe sur tes mains, et ils seront comme des fronteaux entre tes yeux. Tu les écriras sur les poteaux de ta maison et sur tes portes. »* ; savoir observer la nature de la relation que Dieu a établie entre l'homme et LUI et vis-à-vis de son semblable reste la base d'aimer Dieu.

Le Seigneur Jésus-Christ met en corrélation le fait d'aimer Dieu et de garder ses commandements dans Jean 14:15 *« Si vous m'aimez, gardez mes commandements »* ; et Jean 15:10 *« Si vous gardez mes commandements, vous demeurerez dans mon amour, de même que j'ai gardé les commandements de mon Père, et que je demeure dans son amour »*. Pour garder un commandement il faut le connaitre au préalable. Peut-on aimer sans connaître ? Et peut-on connaître sans chercher ? En lisant Marc 12:30-31 qui dit *« Tu aimeras le Seigneur, ton Dieu, de tout ton cœur, de toute ton âme, de toute ta pensée, et de toute ta force... »*. Jésus nous fait comprendre que 'aimer' est un dur labeur et exige de mettre à contribution tout notre être comme le souligne la bible « De tout notre cœur ; De toute notre âme ; De toute notre pensée; De toute notre force ». 'Aimer' Dieu nécessite de s'appliquer à observer et mettre en pratique ses commandement ; de transmettre (inculquer) ; témoigner (partout et en toute circonstance) et en démontrer les signes perceptibles.

David dira dans Psaumes 119 :11 *« je te cherche de tout mon cœur : Ne me laisse pas égarer loin de tes commandements! Je serre ta parole dans mon cœur, Afin de ne pas pécher contre toi »*. Le mot hébreu qui donne serrer en français c'est tsaphan (tsaw-fan') qui peut signifier aussi 'garder précieusement' c'est-à-dire que David avait un cœur tout acquis à Dieu. Selon le dictionnaire biblique Emmaüs la pensée hébraïque concevait l'homme comme un tout avec la somme de ses attributs physiques, intellectuels et psychologiques; elle plaçait le cœur au centre de contrôle de tout cela. C'est dans cette pensée que le premier commandement trouve pleinement tout son sens. Dans Psaumes 90 :12 il est rapporté ceci *« Enseigne-nous à bien compter nos jours, Afin que nous appliquions notre cœur à la sagesse »*.

Aimer Dieu c'est un choix, c'est accepter d'endosser ses principes et les assumer. Ceci n'a rien d'un simple sentiment d'affection. C'est un engagement à s'appliquer à étudier, à observer précieusement l'enseignement de Dieu et à s'y conformer de tout son être.

Dans le N.T. ce sont les mots grecs 'têreô, phulassô' qui sont utilisés. Ces verbes ont pratiquement le même sens qu'en hébreux, et les apôtres les utilisent pour insister sur le fait que 'aimer' Dieu c'est garder sa parole. 1 Jean 2:3 *« Si nous gardons ses commandements, par là nous savons que nous l'avons connu »*. 1 Jean 2:4-5 *« Celui qui dit: Je l'ai connu, et qui ne garde pas ses commandements, est un menteur, et la vérité n'est point en lui. Mais celui qui garde sa parole, l'amour de Dieu est véritablement parfait en lui: par là nous savons que nous sommes en lui »*. Garder ses commandements c'est observer les saintes écritures en les mettant en pratique et cela à 100% comme indique Jacques 2:10 *« Car quiconque observe toute la loi, mais pécher contre un seul commandement, devient coupable de tous »*.

Il est essentiellement question de 2 choses : la première est l'implication à 100% de tout notre être dans la parole de Dieu : il ne s'agit pas se contenter uniquement de lire ou d'écouter mais plutôt de pratiquer ce que dit la parole de Dieu. Car seuls ceux qui mettent la loi de Dieu en pratique lui sont agréable et peuvent prouver qu'ils aiment Dieu.

Et deuxièmement nous ne pouvons pas choisir d'observer et mettre en pratique seulement ce qui nous convient ou qui satisfait nos opinions. Terminons cette section avec l'exhortation que nous lisons dans Matthieu 19:17 *« ... Si tu veux entrer dans la vie, observe les commandements »*. Dans Deutéronome 10 :13 Dieu dit à Israël que tout ce qu'il lui demandait était qu'Israël observe ses commandements, et ses lois tel qu'ils étaient prescrits afin d'être heureux. Le bonheur de ce peuple, tout comme le nôtre dépend du fait de garder et d'observer la parole de Dieu.

4. Craindre Dieu

« Maintenant, Israël, que demande de toi l'Eternel, ton Dieu, si ce n'est que tu craignes l'Eternel, ton Dieu, afin de marcher dans toutes ses voies, d'aimer et de servir l'Eternel, ton Dieu, de tout ton cœur et de toute ton âme » Deutéronome 10 :12

La crainte de Dieu c'est le respect ; c'est la révérence morale qu'a l'homme pour Dieu. Il s'agit de l'attitude sacrée que ressent l'homme lorsqu'il prend conscience de la présence du Dieu vivant. En considérant la nature de la relation d'amour que Dieu voulait avoir avec Israël, il est certain d'en déduire que le sens du mot 'crainte' dans ce contexte, n'est pas la peur ou la frayeur que peut inspirer la sévérité de ses jugements, mais plutôt la piété, l'honneur, le respect, et la révérence pour le Dieu Tout Puissant, très saint, infiniment grand, qui est devenu leur Dieu, leur Sauveur, leur Roi.

Dans l'A.T. ce respect était inspirée par Dieu lui-même au croyant d'une façon générale afin que celui-ci aime ses commandements et haïsse le mal. Cette crainte sous-entend obéissance à Dieu et suscite le désire de sa présence comme le dit *Jérémie 32 :40 « Je traiterai avec eux une alliance éternelle, Je ne me détournerai plus d'eux, Je leur ferai du bien, Et je mettrai ma crainte dans leur cœur, Afin qu'ils ne s'éloignent pas de moi »* ; elle provoque aussi la soif de pureté et le rejet du mal selon *Proverbes 8 :13 « La crainte de l'Eternel, c'est la haine du mal »*. Cette attitude était fondamentale pour cet Etat théocratique qui venait de naître. Israël, devait apprendre à marcher avec Dieu comme Roi, législateur, et comme autorité judiciaire. Il avait à leur tête un Dieu Créateur et tout puissant dont la majesté et la puissance déployée lors de l'exode dépasse tout entendement. Il va de soi que son attitude devait être conséquente : une attitude faite de respect, de soumission, et de révérence que devait manifester Israël pour honorer Dieu en retour de son engagement à les aimer comme un peuple, comme nation élue sur fond de son l'alliance.

Dans le N.T. le mot 'crainte' s'applique aux disciples et premiers chrétiens. La crainte y est aussi inspirée par Dieu lui-même fondamentalement a la venue du Saint Esprit., puis à travers d'autre Manifestation de celui-ci. Elle est aussi fonction des grâces et promesses que Dieu a accordées aux croyants dans sa bonté. Elle provoque la sanctification et l'amour fraternel. En d'autres mots les disciples et les premiers chrétiens avaient pris conscience de la grandeur de Dieu et de sa puissance. La résurrection de Christ, la venue du St Esprit et ses multiples manifestations sont autant des facteurs qui ont provoquer une révérence envers Dieu.

La crainte de Dieu est une attitude fondamentale pour toute notre relation avec Dieu. Tout enfant de Dieu né de nouveau qui réalise le bien fait de Dieu, son œuvre, sa miséricorde etc. doit montrer du respect à Dieu dans une attitude de révérence est un devoir. Dieu la demande et l'inspire dans nos cœurs. *« Ayant donc de telles promesses, bien-aimés, purifions-nous de toute souillure de la chair et de l'esprit, en achevant notre sanctification dans la crainte de Dieu ».2 Corinthiens 7 :1*

5. Servir Dieu

5.1.Rendre culte à Dieu

« Maintenant, Israël, que demande de toi l'Eternel, ton Dieu, si ce n'est que tu craignes l'Eternel, ton Dieu, afin de marcher dans toutes ses voies, d'aimer et de servir l'Eternel, ton Dieu, de tout ton cœur et de toute ton âme » Deutéronome 10 :12

Dans cette prescription Dieu associe le fait de l'aimer et le servir. Nous voyons ici une nécessité vocationnelle car Israël était non seulement le peuple élu de Dieu, mais encore plus un peuple Elu pour servir l'Eternel son Dieu. Dans le récit de *Jean 21 : 15-17*, Jésus Christ lie l'amour de Pierre au fait de le servir comme nous pouvons le lire dans le texte ci-après *« Après qu'ils eurent mangé, Jésus dit à Simon Pierre: Simon, fils de Jonas, m'aimes-tu plus que ne m'aiment ceux-ci? Il lui répondit: Oui, Seigneur, tu sais que je t'aime. Jésus lui dit: Pais mes agneaux. Il lui dit une seconde fois: Simon, fils de*

Jonas, m'aimes-tu? Pierre lui répondit: Oui, Seigneur, tu sais que je t'aime. Jésus lui dit: Pais mes brebis. Il lui dit pour la troisième fois: Simon, fils de Jonas, m'aimes-tu? Pierre fut attristé de ce qu'il lui avait dit pour la troisième fois: M'aimes-tu? Et il lui répondit: Seigneur, tu sais toutes choses, tu sais que je t'aime. Jésus lui dit: Pais mes brebis ». Comme nous venions de le dire ci-haut il y a une nécessité vocationnelle. Christ nous a rachetés et nous a préparés afin que nous servions Dieu. C'est pour cette raison qu'il a nous a sauvés, voir *Apocalypse 1 : 6 « il a fait de nous un royaume de prêtres pour servir Dieu, son Père. A lui soient la gloire et la puissance pour toujours! Amen ».*

Depuis la sortie d'Egypte Dieu avait déjà indiqué le but pour lequel il libérerait Israël dans *Exode 4 : 23 « Je te dis: Laisse aller mon fils, pour qu'il me serve; ... »*. Si nous regardons aux exemples que nous donne l'église primitive, nous pouvons voir combien les croyants étaient engagés à servir

Dieu. Ils ont servi Dieu dans la faim et dans la soif, dans le froid et dans la nudité, dans une infinité de persécutions et d'opprobres. Ils ont été soumis à des pesantes tribulations et ont soufferts les martyrs.

Mais le plus important à noter est que le mot service a essentiellement une signification cultuelle : Il est souvent utilisé pour l'office des sacrificateurs dans le Temple. Israël avait vocation de servir l'Eternel à travers les cultes et sacrifice dans le temple. Tout comme aujourd'hui, le chrétien est appelé à jouer le même rôle qu'Israël. Mais nous assistons à une sorte de désorientation ; nombreux pensent qu'aller au culte, à l'église devient accessoire au optionnel. C'est une ruse que le diable développe de façon subtile pour détourner les chrétiens de leur vocation divine de servir Dieu.

Pour commencer, sachons que nous appartenons à Dieu comme Israël selon *Esaïe 49 :3*. Servir Dieu et lui appartenir c'est la vocation du chrétien. C'est ce que nous lisons : *« et vous-mêmes, comme des pierres vivantes, édifiez-vous pour former une maison spirituelle, un saint sacerdoce, afin d'offrir des victimes spirituelles, agréables à Dieu par Jésus -Christ ... Vous, au contraire, vous êtes une race élue, un sacerdoce royal, une nation sainte, un peuple acquis, afin que vous annonciez les vertus de celui qui vous a appelés des ténèbres son admirable lumière* ». 1 Pierre 2:5-9

Ainsi, l'assemble de chrétiens constitue ce cadre idéal. Les disciples forment la maison spirituelle et le culte à Dieu est un moyen d'offrir à Dieu louanges et actions de grâce dans la communion. Dieu est dans la joie chaque fois que ses enfants sont ensemble. Nous sommes un royaume des sacrificateurs, son peuple élu et sa nation sainte non seulement pour des privilèges mais avant tout une responsabilité.

5.2. Annoncer ses vertus

Le mot vertu s'applique à ce qui provoque l'admiration. Ainsi, appliqué à Dieu, ce terme est employé pour désigner ses œuvres magnifiques et aussi l'excellence de sa miséricorde et de sa justice pour le salut de l'humanité.

Aimer Dieu c'est aussi annoncer ses vertus. Annoncer la bonne nouvelle, c'est la mission que Christ a confié à l'église. C'est un devoir que Christ a laissé à l'Eglise. Notre Seigneur Jésus-Christ a démontré dès le début de son ministère, et a déclaré dans *Luc 4 :18-19 « L'Esprit du Seigneur est sur moi, Parce qu'il m'a oint pour annoncer une bonne nouvelle aux pauvres ; Il m'a envoyé pour guérir ceux qui ont le cœur, Pour proclamer aux captifs la délivrance, Et aux aveugles le recouvrement de la vue, Pour renvoyer libres les opprimés, Pour publier une année de grâce du Seigneur »* Par sa Parole et le don du Saint-Esprit Dieu a fait de nous des témoins aptes à la vérité. *« D'être ministre de Jésus-Christ parmi les païens, m'acquittant du divin service de l'Evangile de Dieu, afin que les païens lui soient une offrande agréable, étant sanctifiée par l'Esprit-Saint ».* Romains 15 :16

Le mot évangéliste suggère le fait l'on est chargé d'annoncer un message réjouissant, une bonne nouvelle. Jésus Christ ordonne formellement aux disciples et a toute la communauté chrétienne à travers sa parole d'aller et de faire de toutes les nations ses disciples dans Matthieu 28. Ainsi, devons-nous nous assurer que chaque membre soit conscient de faire partie de la stratégie de Dieu pour le salut de l'humanité, Actes *13 :47 « Car ainsi nous l'a ordonné le Seigneur: Je t'ai établi pour être la lumière des nations, Pour porter le salut jusqu'aux extrémités de la terre ».*

6. Adorer Dieu

Un des sens de servir Dieu c'est l'adorer. C'est faire remonter vers Dieu, les admirations sur sa personne et sur la personne et l'œuvre de Christ. C'est aussi lui présenter nos hommages et nos offrandes, lui exprimer notre reconnaissance, et invoquer son Saint Nom.

Le verbe hébreux **chaHah** évoque le geste de s'incliner, se prosterner ou même se jeter face contre terre devant quelqu'un ou devant l'autel d'une divinité. C'était une marque de respect devant des êtres supérieurs. Adorer Dieu, c'est donc d'abord reconnaître sa supériorité, se prosterner devant lui. Le N.T. utilise plusieurs termes qui expriment essentiellement l'idée de se prosterner (vénération, hommage rendu) tant en hébreux qu'en grec.

Tous ces termes traduisent l'idée d'une pratique de soumission respectueuse devant Dieu comme étant infiniment supérieur, reconnu par son peuple élu et racheté, et celle d'un service pour Dieu. L'adoration est donc, le fait, par lequel nous démontrons notre admiration, notre respect et notre attachement à Dieu et à toute son œuvre en parole et en action.

Aimer Dieu est un processus qui se développe à travers les actes, les gestes, attitudes et paroles. C'est une nécessité sans laquelle nous ne saurions accomplir le but de notre existence. Dans la parole de Dieu dans son ensemble (A.T. et N.T) l'adoration est un devoir que tout croyant doit être à mesure d'accomplir au quotidien. Mais il incombe aussi à tous les hommes *Romain 14 :11 « Car il est écrit: Je suis vivant, dit le Seigneur, Tout genou fléchira devant moi, Et toute langue donnera gloire à Dieu. »* ; *Apocalypse 14 :7 « Il disait d'une voix forte: Craignez Dieu, et donnez-lui gloire, car l'heure de son jugement est venue; et adorez celui qui a fait le ciel, et la terre, et la mer, et les sources d'eaux. »*.

Cependant toutes ses expressions de révérence doivent être en accord avec l'intérieur pour ressortir le caractère pieux devant Dieu. Et seul Dieu doit être adoré ;

l'apôtre Pierre reprend Corneille qui veut se prosterner devant lui dans *Actes 10 :25* ; l'ange le fait de même en interdisant à Jean de l'adorer dans *Apocalypse 19 :10*. C'est-à-dire que personne - (homme ou ange ou qui c'est ce soit) -ne mérite l'adoration sinon Dieu lui-même. Il a expressément dit formellement à Israël : *« Tu ne te prosterneras point devant elles, et tu ne les serviras point; car moi, l'Eternel, ton Dieu, je suis un Dieu jaloux, qui punis l'iniquité des pères sur les enfants jusqu'à la troisième et la quatrième génération de ceux qui me haïssent » Exode 20 :5*;

« Veille sur ton âme, de peur que, levant tes yeux vers le ciel, et voyant le soleil, la lune et les étoiles, toute l'armée des cieux, tu ne sois entraîné à te prosterner en leur présence et à leur rendre un culte: ce sont des choses que l'Eternel, ton Dieu, a données en partage à tous les peuples, sous le ciel tout entier ».

Deutéronome 4 :19;

Et le Seigneur Jésus a repris la même chose dans le nouveau testament lors de sa tentation dans le désert dans Matthieu 4 :10 : *« Jésus lui dit: Retire-toi, Satan! Car il est écrit: Tu adoreras le Seigneur, ton Dieu, et tu le serviras lui seul. »*

La véritable adoration est une activité des fils de Dieu ; c'est-à-dire ceux qui reconnaisse Dieu comme Père. Dans il est dit *« Mais l'heure vient, et elle est maintenant arrivée, où les vrais adorateurs adoreront le Père en esprit et en vérité ; car aussi, ce sont de tels adorateurs que le Père cherche » Jean 4 :23 BBA*. Elle doit être faite en accord avec la nature de Dieu qui est Esprit et dans la Vérité. Elle répond à quatre logiques dans notre relation avec Dieu que voici :

a. **Existentielle** : nous avons été créés pour adorer Dieu. Ésaïe 43 :7,21 *« Tous ceux qui s'appellent de mon nom, Et que j'ai créés pour ma gloire, Que j'ai formés et que j'ai faits ... Le peuple que je me suis* *formé Publiera mes louanges. »* La race humaine est fondamentalement une race adoratrice, l'homme récent constamment et instinctivement le besoin de vénération pour un être suprême ou supérieur à lui. C'est un besoin profondément inscrit dans l'être humain. La bible nous montre plusieurs exemples par lesquels nous pouvons convenir que même les peuples qui ne connaissais pas le Dieu d'Israël, avaient des divinités à eux et leur rendaient cultes. Le fait d'avoir des divinités dans chacune des cultures des peuples révèle ce caractère adorateur, ce besoin inhérent à la nature humaine d'adorer pour se sentir vivre et exister.

De nos jours nous pouvons aussi remarquer que les peuples de toutes les cultures adorent instinctivement quelque chose. Cependant, seul Dieu est digne d'adoration parce qu'il est le Créateur et Sauveur de l'homme. Rendre gloire à Dieu est le but de l'existence de tout être humain. *« Il nous a donné la vie non pour nous-mêmes mais pour lui-même, afin qu'il soit glorifié à travers nous. » M. Charles F. Stanley.*

b. **Sacerdotale** : Choisi pour s'occuper des choses sacrées. L'adoration de Dieu est sacrée. Ceux qui sont à Christ sont un royaume des sacrificateurs du Dieu Vivant. Il est écrit que Dieu prend plaisir en son peuple dans les *Psaumes 149 :4a*. L'église est le corps de Christ, tous les chrétiens sont membre ce corps qui constitue le peuple choisi par Dieu pour L'adorer. Etant né d'Esprit, ils constituent la race que recherche Dieu pour l'adorer en Esprit et en Vérité. Et le Seigneur Dieu y trouve son plaisir, voir I

Pierre 2 :9 « *Vous, au contraire, vous êtes une race élue, un sacerdoce royal, une nation sainte, un peuple acquis, afin que vous annonciez les vertus de celui qui vous a appelés des ténèbres à son admirable lumière* »;

c. **Commandement** : ordonné d'adorer Dieu, Apocalypse 14 :6 - 7 – *« Je vis un autre ange qui volait par le milieu du ciel, ayant un Évangile éternel, pour l'annoncer aux habitants de la terre, à toute nation, à toute tribu, à toute langue, et à tout peuple. Il disait d'une voix forte : craignez Dieu, et donnez-lui gloire, car l'heure de son jugement est venue; et adorez celui qui a fait le ciel, et la terre, et la mer, et les sources d'eaux ».*

d. **Vocationnelle** : appelés pour adorer Dieu ; Jean 4 :23 *« Mais l'heure vient, et elle est maintenant arrivée, où les vrais adorateurs adoreront le*

> *Père en esprit et en vérité ;* ***car aussi, ce sont de tels adorateurs que le Père cherche*** *».* Dans 1 Pierre 2 :5 il est dit : *« vous aussi, comme des pierres vivantes, soyez édifiés en maison spirituelle, pour former une sacrificature sainte, pour offrir des sacrifices spirituels agréables à Dieu, par Jésus-Christ ».BA*

Cet amour que nous avons reçu par le Saint Esprit opère à différents degrés. Au premier degré cet amour agit sur nous-mêmes et nous pousse à comprendre notre misère et accepter le salut offert par Dieu par l'œuvre de Christ. Il en résulte un attachement à Dieu le fait que nous désirons nous approcher de Dieu ; pour ce qu'il fait pour nous et en nous, non pas pour ce qu'il est réellement. En effet, à ce stade nous encore enfant. Nous essayons d'évaluer Dieu et son amour pour nous par rapport au bénéfice que nous tirons de sa présence et surtout de sa réponse aux requêtes que nous lui adressons. Et c'est une étape à ne pas négliger, comme il est écrit :

« Approchons-nous donc avec assurance du trône de la grâce, afin d'obtenir miséricorde et de trouver grâce, pour être secourus dans nos besoins » Hébreux 4 :16.

La fréquence dans la présence de Dieu finit par nous transporter au second degré ou peu à peu nous nous oublions et nous atteignons la dimension d'une relation d'amour – c'est-à-dire une relation dans laquelle la parole de Dieu est observée ; la crainte de Dieu, le service, le respect et la révérence de Dieu sont notre mode de vie. C'est ce degré qui nous qualifie de vrais adorateurs que Dieu cherche. C'est alors que nous commençons à voir Dieu tel qu'il est réellement dans la révélation de sa connaissance par le Saint Esprit. C'est à ce degré que se libère une véritable vie d'adorateur, et une expérience d'adoration très riche. M. Éric Brunelle a dit : *« La vraie louange commence au moment où l'on détourne les regards de soi-même et qu'on les élève vers Dieu ... Devant la majesté de Dieu, nous courbons nos êtres, sachant que sa grâce seule nous permet de nous tenir là. Nous invitons le Seigneur à prendre sa place sur le trône de nos cœurs et de nos louanges, à descendre et à venir demeurer parmi son peuple. Nous offrons nos êtres en sacrifice et demandons à Dieu de consumer ce qui ne lui appartient pas. Toute crainte et toute frayeur se dissipe, car Jésus est là. C'est dans sa nature de guérir, sauver et délivrer. Il déverse son amour et son affection en nous, son épouse ».*

La célébration du culte rendu à Dieu occupe une place indispensable dans la vie des croyants. Elle nous permet de rester en présence du Seigneur. Elle permet aussi de cultiver l'intimité entre le chrétien et Dieu. On peut attirer Dieu à faire des choses extraordinaires. Nous vivons pour aimer Dieu, et comme des pierres vivantes, nous sommes une maison spirituelle consacrée pour offrir des sacrifices spirituels acceptable et plaisant à Dieu : Ce sont nos louanges, admiration, action de grâce et l'engagement à offrir nos corps par égard pour Dieu. Dieu nous a réconciliés avec Lui-même à travers le Christ et nous désire intimement avec Lui.

Le livre de cantique présente un meilleur exemple sur la relation d'amour. Les discours intensément intimes que l'on retrouve au chapitre 1,2 et 3 suggèrent le désir d'intimité qui est une partie importante dans une relation d'amour. Dans cette logique, pour nous, le parallélisme va consister fondamentalement dans la communication et dans la communion avec Dieu que ces images présentent. Le livre de cantique montre les aspirations des fiancés, leur désir, leur attirance mutuelle. Nous y trouvons une analogie de ce que doit être notre relation avec Dieu.

Voyons deux baisers que nous relevons de deux images à travers deux différents versets de la bible, lesquels j'estime, expliquent à quel degré devons-nous situer notre relation d'intimité avec

Dieu à travers notre pratique de l'adoration. Il s'agit de *Luc 15 : 20 « ...comme il était encore loin son père le vit et fut ému de compassion, il courut se jeter à son coup et le baisa »*. Dans ce récit du fils prodigue, le baiser du père symbolise le moment très personnel quand Dieu nous embrasse au point de conversion : lorsque nous acceptons Jésus Christ comme Seigneur et Sauveur et indépendamment de ce que nous avons fait ou où nous avons étés démontrant ainsi un amour inconditionnel et nous offrant son pardon.

En outre, les baisers dans le livre de Cantique sont différents. Ils sont le baiser de l'amant qui montre l'approfondissement d'amour et exprime une aspiration à l'intimité.

> *« O que vous m'embrassiez avec les baisers de votre bouche! Car votre amour est meilleur que le vin ». Cantique 1:2.*

« O que vous m'embrasseriez avec les baisers de votre bouche! Pour votre amour est meilleur que vin " (la Sulamite)" Vos lèvres e mes miels de la goutte de la mariée comme le peigne du miel; le lait du miel est sous votre langue ». Cantique 4: 11

Nous tentons de développer cette analyse du point de vue spirituel. Cependant vivre une intimité avec Dieu à travers des moments d'adoration n'est pas dans le fond différent avec les moments d'intimité dans une relation des amants. C'est un point qui indique une profondeur de rapprochement. Pendant ce moment d'intimité : - les pensées, et les sensations sont déversées dans l'autre ; - les amoureux sortent les paroles qui vivifient leur relation. *Cantique 4 : 11 « Tes lèvres distillent le miel, ma fiancée; Il y a sous ta langue du miel et du lait... »*. Ce geste est une explication du don de soi à la personne de son amour, dans l'épitre aux Romains 12 : *« Je vous exhorte donc, frères, par les compassions de Dieu, à offrir vos corps comme un sacrifice vivant, saint, agréable à Dieu, ce qui sera de votre part un culte raisonnable »* Dieu désirs ardemment nos prières, cantiques qui reconnaissent son amour, sa personne, sa grandeur comme des baiser d'amour. C'est dans cette profondeur d'intimité que nous recevons de sa personne en échange, ses paroles pleines de grâce et la révélation intime de sa personne qui nous fortifie et nous vivifie. L'adoration par la prière, les offrandes et les cantiques est la marque de ceux qui aiment Dieu. C'est devoir existentiel ne doit pas dépendre des humeurs, des sentiments ou des circonstances, mais seulement de Dieu.

CHAPITRE DEUX
S'AIMER SOI MEME

"Et voici le second, qui lui est semblable : Tu aimeras ton prochain comme toi-même." (Matthieu 22:39 LSG)

Dieu utilise 'l'amour de soi' pour indiquer comment aimer le prochain. Il est important de reconnaitre que Dieu considère l'être de chaque personne comme base nécessaire pour aimer le prochain. Par définition « *l'amour de soi, est la tendance à persévérer dans l'être et à rechercher ce qui nous satisfait dans un rapport intrinsèque* ».

L'amour de soi, est une image que l'on veut de soi : de notre nature et de nos sentiments. Cet 'amour de soi' dont il est question dans ce verset, n'a rien d'individuel. Il ne doit pas être confondu avec le narcissisme, la suffisance, la vanité ou même l'amour propre. S'aimer 'soi-même' peut, en effet, nous permettre de comprendre comment aimer celui qui partage notre nature, qui en partage aussi les sentiments.

L'amour de soi met en relief celui du prochain. Si nous ne nous aimons pas nous-mêmes il est évident que nous n'aimerons pas le prochain : si, nous méprisons les attributs et les valeurs que nous voyons en nous-mêmes il s'ensuit que nous mépriserons ces mêmes attributs et ces valeurs chez les autres. Si nous aimons et acceptons notre nature humaine avec toute ses faiblesses, il va de soi que nous aimerons et accepterons les autres car ils ont la même nature. Si nous pouvons trouver en nous quelques qualités, logiquement nous pouvons en trouver chez les autres personnes.

Il est le fondement de l'amour de son prochain car on ne peut donner que ce que l'on a. *Vu que nous partageons la même nature 'humaine'; vu aussi que nous partageons les mêmes valeurs et les mêmes attributs et ce à tous niveau.*

Le dictionnaire de psychologie cité par *Isabelle Yuhel* dans son article *« Cet indispensable amour de soi »*, définissent 'l'amour de soi' par un ensemble d'attitudes comme suit : *se reconnaître une certaine valeur, se ménager, protéger son territoire intime, sa santé physique et psychique, connaître ses intérêts réels*.

L'amour de Dieu crée en nous multiples valeurs : il nous est précieux et nous donne du prix à ses yeux ; c'est souligné dans le texte d'Esaïe 43 :1-4 qui dit : *« Car je suis l'Eternel, ton Dieu, Le Saint d'Israël, ton sauveur; Je donne l'Egypte pour ta rançon, L'Ethiopie et Saba à ta place. Parce que tu as du prix à mes yeux, Parce que tu es honoré et que je t'aime, Je donne des hommes à ta place, Et des peuples pour ta vie. Ne crains rien, car je suis avec toi; Je ramènerai de l'orient ta race, Et je te rassemblerai de l'occident »*. En effet c'est merveilleux de savoir que Dieu, est le Créateur de l'univers et notre créateur ; qu'il nous a créer à son image et à sa ressemblance ; qu'il a donné son Fils unique pour nous comme rançon; et qu'il nous a pardonnés, justifiés ; et qu'en lui nous sommes des nouvelles créatures. C'est sur cette base que l'amour de soi-même doit être bâti afin de servir de référence pour aimer le prochain. Il ne dépend ni de caprice de la naissance, ni de l'aptitude intellectuelle, ni de la louange ou jugement de la société, ni de la richesse.

Dans la perspective que chacun doit se reconnaitre une valeur, il convient de dire qu'au nombre de valeur tant recherchées il y a pour les plus en vue l'image, l'identité et la reconnaissance pour ne citer que celles-là. Les points ci-après peuvent nous aider comme fondement nécessaire sur les valeurs que nous confère l'œuvre de Christ devant Dieu afin de produire en nous une foi authentique en Christ pour un véritable « s'aimer soi-même ».

1. Notre image en Jésus Christ

« Puis Dieu dit: Faisons l'homme à notre image, selon notre ressemblance, ... Dieu créa l'homme à son image, il le créa à l'image de Dieu, il créa l'homme et la femme » Genèse 1 :26-27.

Commençons avec notre image car elle nous importe plus. Toute l'œuvre de Christ a pour but de nous racheter pour Dieu et nous rendre précieux devant Dieu. Cette œuvre a changé radicalement notre image. Dieu nous voit justes, purs et saints sans défaut en Christ. Le livre de cantique illustre bien ce que nous voulons dire. Il démontre un niveau élevé de l'amour. Ce livre présente une allégorie illustrant l'amour de Christ pour l'Eglise son épouse ; cette illustration nous aide à comprendre combien précieux sommes-nous devant Dieu.

Dans le premier chapitre de ce livre de cantique, la Sulamite se gène de ce qu'elle est après s'être rendu compte de l'amour de son roi ; elle y répond avec complexe, mentionnant ses défauts, voici ce qu'elle dit : *« je suis noir, mais je suis belle... Ne prenez pas garde à mon teint noir : c'est le soleil qui m'a brûlé ; les fils de ma mère se sont irrités contre moi, ils m'ont faite gardienne des vignes »*. Cette réaction est logique car elle se retrouve devant la perfection de son roi et de l'amour qu'il porte pour elle. Dans la présence de Dieu nous découvrons la réalité de la laideur du péché qui se trouve en nous ; notre cœur est montré dans sa nature du péché ; lequel péché a porté préjudice à notre image originelle ; rappelons que l'homme a été créé à l'image et à la ressemblance de Dieu. Dans le verset 5-6 elle souligne et dit que la corvée dont elle fut chargée sous le soleil a laissé des traces au point qu'elle pense avoir perdu l'éclat de sa beauté *« Je suis noire, mais je suis belle, filles de Jérusalem, Comme les tentes de Kédar, comme les pavillons de Salomon. Ne prenez pas garde à mon teint noir : C'est le soleil qui m'a brûlée. Les fils de ma mère se sont irrités contre moi, Ils m'ont faite gardienne des vignes. Ma vigne, à moi, je ne l'ai pas gardée »*.

L'expression 'noire et belle' suggère clairement que la Sulamite est consciente de l'étrange coexistence du bon et du diabolique, des qualités et de faiblesses ; plus tard elle insiste et ajoute *« je suis un narcisse de Sharon, un lis des vallées. Comme un lis au milieu des épines » Cantique 2 : 1*, Ici encore est présenté le contraste : le Sharon et le lis représentent l'image délicate de sa beauté enfuie et étouffée par la vallée et les épines ; et son teint noir pour les marques de la corvée lui imposée par ses frères. Toutes ces imperfections sur lesquelles s'attarde la Sulamite symbolisent, notre état de péché, nos faiblesses, défauts et maladresses qui nous caractérisent.

Il est bien évident que la nature humaine est pétrie des qualités et tout aussi des faiblesses, du bien et du mal, à cause du péché qui nous a détruits. Mais ce que nous sommes dans la vue de Dieu en Christ ne dépend ni de ces qualités ni de ces faiblesses. Car en Christ nous sommes une nouvelle créature selon qu'il est écrit dans 2 Corinthiens 5:17 « *Si quelqu'un est en Christ, il est une nouvelle créature. Les choses anciennes sont passées; voici, toutes choses sont devenues nouvelles* ». Il n'y a pas pire chose soit elle, que nous puissions faire qui puisse amener Dieu à nous aimer moins ; car alors que nous étions pécheurs et perdus Christ dans son amour est mort pour nous. Tout comme il n'y aura rien de très précieux à faire pour que Dieu nous aime plus, seul le sacrifice de Christ suffit. Il nous aime tant.

Le texte qui relate le discours d'amour du roi pour la Sulamite présente des scènes très riches ; c'est un poème qui exalte la beauté sans tenir compte de ce qu'elle pense d'elle-même. Dans le cas de la Sulamite sa réponse à l'amour de son roi n'a eu aucune influence sur le roi qui ne voyait que perfection et beauté en elle. Et nous estimons que ce texte est très représentatif dans le cas de ‘l’amour de soi’ dans la mesure qu’il présente d’une part l’amour du roi et la perfection qu’il aperçoit dans l’image de la fiancée. Par l’action et l’arrière-plan, toutes les images illustrent l’expression spirituelle du rapport d’amour de Dieu avec l’homme en Christ. Chacune de ces descriptions est une représentation réelle de la façon que Dieu nous aime et nous voit.

En Christ, l’homme déchu devient *"une nouvelle création",* un homme nouveau à la ressemblance de Dieu et qui se renouvelle constamment selon l’image de celui qui l’a créé, *Philippiens 3 :21 « Mais, dès à présent "nous tous, qui le visage dévoilé, reflétons (où: contemplons comme dans un miroir) la gloire du Seigneur, nous sommes transformés en la même image, de gloire en gloire comme par le Seigneur, l’Esprit ».*

Jésus Christ nous a parfaitement restaurés et nous sommes maintenant sujet de satisfaction pour Lui, car nous sommes son épouse comme illustré par la Sulamite. En

Christ, l'église épouse est pure et irréprochable. Nous savons bien que nous avons étés créés à l'image de Dieu et à sa ressemblance mais le péché nous a détruit et a changé notre vraie image. Sous l'emprise du péché, de la chair et du diable, notre vie a été complètement détruite *« car le voleur, le diable ne vient que pour dérober, détruire et égorger ».*

Mais Christ notre Sauveur a montré un amour absolu, Il s'est offert en sacrifice pour nous racheter ayant fait de nous une partie de son corps ; lui qui est Saint et Parfait. Ce qu'en lui nous sommes devenus parfait, juste comme lui : Saints et irréprochables selon son plan éternel nous dit la bible. *Ephésiens 1 : 4 « En lui Dieu nous a élu avant la fondation du monde pour nous que soyons saints et sans défaut devant lui ».* En Jésus Christ Dieu nous voit comme des nouvelles créatures, car Christ nous a délivré, de notre nature pécheresse et nous sommes nés de nouveau.

Se concentrer sur le côté négatif de notre vieil être est un fardeau lourd qui nous tire toujours vers le bas ; dans le désespoir, la culpabilité, la honte, le sentiment d'échec, et le découragement. Dieu nous aime et nous accepte uniquement à cause de ce que Christ a fait pour nous. Le regard de Dieu est désormais attiré par cette beauté que nous tenons du Saint-Esprit à la nouvelle naissance ; il nous désire plus que tout dans sa présence. Son amour transcende les circonstances, et est entièrement satisfait dans l'œuvre de Christ que nous représentons valablement.

Aussi longtemps que nous vivons dans ce corps, il est évident que nous rencontrons beaucoup de circonstances contraire à cette nouvelle image que Christ a faite de nous, notre vérité éternelle parait en contraste sinon en contradiction avec notre réalité quotidienne. Selon Philippiens *3 :21* dit que *« Mais, dès à présent "nous tous, qui le visage dévoilé, reflétons (contemplons comme dans un miroir) la gloire du Seigneur, nous sommes transformés en la même image, de gloire en gloire comme par le Seigneur, l'Esprit »*. En effet la bible révèle notre véritable et incontestable image qui ne dépend ni des temps ni des circonstances, mais de Dieu lui-même. Nous accepter dans l'amour de Dieu est très important comme atout pour *'s'aimer soi-même'*.

Toute valeur personnelle et tout amour de soi-même que l'on cherche dans le monde et son système selon la chair ne durera guère et ne finira que par nous détruire. Car 2 Corinthiens 4:4 nous dit que c'est *« pour les incrédules dont le dieu de ce siècle a aveuglé l'intelligence, afin qu'ils ne visent pas briller la splendeur de l'Evangile de la gloire de Christ, qui est l'image de Dieu. »*.

Notre ignorance est très grande, nous n'apercevons pas combien nous sommes aveugles. L'orgueil et l'égoïsme nous avilissent. En Christ nous recevons la lumière et la connaissance dans toute humilité. Regardons dans le miroir qui reflètent la gloire de Dieu ; cherchons la lampe qui nous éclaire de sorte que tout amour que nous de nous-même nous pousse sans cesse à glorifier Dieu, et toujours aimer le prochain. Voir 2 Samuel 22 :29 ; Psaumes 18 :29

2. Notre identité en Jésus Christ

Notre vraie identité est une base à l'amour de soi-même. L'une des ruses du diable c'est d'obscurcir l'intelligence de l'homme en le plongeant dans une véritable crise d'identité qui est à la base de pires catastrophes de l'humanité. Disons déjà que, c'est en Dieu seul, et dans son œuvre uniquement que nous retrouvons les caractères fondamentaux et permanents de l'homme c'est-à-dire son identité.

Actuellement nous vivons dans un univers qui traverse beaucoup de crises mais la plus sérieuse c'est celle de l'identité de l'homme. Prenons par exemple l'identification sexuelle : de nos jours l'on voudrait qu'être homme ou femme ne soit plus une question d'ordre biologique et naturelle mais plutôt une question d'orientation sexuelle et de choix. Ce phénomène s'explique tout simplement par le fait que l'intelligence de l'homme de plus en plus obscurcie, plonge l'humanité dans ce qui est dépourvu de vérité et de convenance. Comme cela est écrit dans le texte de Romains 1 :20-30 Il s'agit d'une crise d'identité ; celle de n'est plus savoir ce qui nous caractérise fondamentalement et de façon permanente.

Depuis des siècles, la vanité, l'égoïsme, la méchanceté de l'homme a produit un système injuste et vicieux d'évaluation de la valeur humaine et tout particulièrement de l'amour de soi-même. Tout le monde n'est pas considéré comme digne : nous nous traitons, nous nous acceptons et nous nous rejetons sur base de nos rang sociaux, et nos louanges et prouesses ; les admirations sont pour ceux qui sont bénis avec les caractéristiques que nous estimons les plus comme la beauté, l'attrait physique, le génie et l'aptitude intellectuelle, et talents et prouesses. L'idée que quelqu'un est plus que soi-même, ainsi que celle de croire qu'on est plus que les autres est totalement erronée et destructrice.

La richesse, la beauté, le génie et l'aptitude intellectuelle, ainsi que les éloges et louanges pris comme mesure d'acceptation et d'amour de soi- même constituent un système dévastateur pour l'homme et son entourage. Souvent nous regardons à ce système de valeur comme dans un miroir pour obtenir l'évaluation et trouver l'approbation de soi-même. Mais c'est une illusion, car c'est un système corrompu. Nous avons plutôt besoin de regarder dans l'œuvre de Dieu, qui a fait de nous '*nouvelle créature'* comme miroir pour y découvrir notre vraie valeur et celle de toute l'humanité. C'est de Lui que nous apprenons à nous revêtir de l'homme nouveau à l'image de sa gloire Ephésiens 4:23-24 *«Mais vous, ce n'est pas ainsi que vous avez appris Christ, si du moins vous l'avez entendu, et si, conformément à la vérité qui est en Jésus, c'est en lui que vous avez été instruits à vous dépouiller, eu égard à votre vie passée, du vieil homme qui se corrompt par les convoitises trompeuses, à être renouvelés dans l'esprit de votre intelligence, et à revêtir l'homme nouveau, créé selon Dieu dans une justice et une sainteté que produit la vérité. ».* Cette approche est importante car elle nous permet de déterminer la base de l'amour de 'soi-même' - sa vraie identité.

En Jésus-Christ, Dieu nous offre à être une nouvelle créature. La dignité humaine est restaurée par le renouvellement de l'intelligence qui est un fait de la nature de Dieu. C'est un fait, en Christ *« nous sommes nés, non du sang, ni de la volonté de la chair, ni de la volonté de l'homme, mais de Dieu »* ; nous recevons la nature de Dieu et nous avons le moyen moral, spirituel, et l'intelligence nécessaires de marcher dans la lumière de la connaissance de Dieu. Étant nés de lui, Dieu nous confère son caractère, le pouvoir et la capacité de marcher en une nouveauté de vie. Car nous somme participant à la nature de Dieu en christ selon *2 Pierre 1:4 « lesquelles nous assurent de sa part les plus grandes et les plus précieuses promesses, afin que par elles vous deveniez participants de la nature divine, en fuyant la corruption qui existe dans le monde par la convoitise ».*

3. Notre corps temple du Seigneur

« Ne savez-vous pas que vos corps sont les membres du Christ? Prendrai-je les membres du Christ pour en faire des membres de prostituée? .... Mais le débauché pèche contre son propre corps Ou bien ne savez-vous pas que votre corps est le temple du Saint Esprit qui est en vous et qui vous vient de Dieu, et que vous ne vous appartenez pas? » 1 corinthiens 6 15-19

L'homme est non seulement fait d'esprit qui est le véritable lui, mais aussi d'un corps physique. Dieu respecte sa créature que nous sommes tant sur le plan spirituel que physique. Cela étant, haïr sa propre chair est autant irrationnelle que contre nature. L'homme nourrit et chérit constamment son corps, il le protège contre le mal, en cherchant à guérir lorsqu'il se blesse, et généralement à promouvoir son bien-être et son confort. *« Car jamais personne n'a haï sa propre chair; mais il la nourrit et en prend soin »* Ephésiens 5:29.

Dieu a donné un but idéal à notre corps comme l'indique la bible. Le plus grand bien que nous devons faire à notre corps comme pour l'aimer c'est de savoir pourquoi nous l'avons. La réponse est bien reprise dans 1 Corinthiens 6 : 19 *« Ne savez-vous pas que votre corps est le temple du Saint Esprit ? »*. Si nous voulons apprécier la vie et en jouir entièrement, nous devons montrer du respect pour notre corps : Non seulement le laver, le nourrir ou le vêtir, mais aussi faire en sorte que Dieu qui en est créateur et en soit le seul propriétaire vienne y demeurer.

Nous vivons une époque de grande mutation des valeurs. Les lois parfaites que Dieu a placées dans le corps humain se trouvent être littéralement harcelées et perturbées. La beauté, l'esthétique physique, l'intelligence, le talent la richesse caractérisent et conditionnent son acceptation dans le système actuel. Des nombreux hommes et femmes passent des heures devant leurs miroirs et scrutent avec inquiétude et sévérité leur silhouette. Non pas dans le souci d'être en bonne santé mais en réalité c'est une vraie préoccupation du paraître et de '*se sentir mieux dans la peau*'. Beaucoup de personnes démontrent ne pas être satisfaites de leurs corps. D'où le recourt à la chirurgie et à la médecine esthétique pour - disent-ils- corriger les rondeurs. Elles ses soumettent à des régimes rigoureux pour perdre quelques kilos.

Le développement de la chirurgie et de la médecine esthétique au quel nous s'ajoute les régimes et minceurs témoignent à quel point sommes-nous très inquiets, de notre apparence. Dans le même ordre d'idée nous avons crèmes, lait et autres produits de beauté. Il est évident que toutes ces méthodes et pratique promettent beaucoup. Mais cette course effrénée du mieux paraître interprète tout aussi bien, une peur, et une véritable crise de confiance; La peur de manquer une place, de ne pas intéresser les autres. Les médiatisés conditionnent bon nombre d'entre nous, au point de tout faire pour les ressembler où bien aller avec les produits qu'ils nous présentent. Voilà qui développe une vraie crise d'indenté. L'homme vit dans un souci permanent aux perspectives illusoires. Nombreux de ceux qui consultent les chirurgiens et médecin esthétique se prémunissent des portraits de ceux à qui ils veulent ressembler, en tout cas ils ont une image de ce qu'ils veulent être détestant ainsi à la foulée ce qu'ils sont, et ce que Dieu a fait d'eux. Toutes ces méthodes et produits cliniques utilisés pour affiner l'apparence ou la corriger comme on le dit, ne sont pas sans conséquence. Car les lois naturelles du corps humain depuis sa création sont intangibles.

Le corps humain est considéré comme une marchandise, un objet du plaisir et le commerce du sexe est un moyen comme tout autre de gagner sa vie. Le résultat de la condition humaine est catastrophique car toutes ces pratiques quel que soit la raison sont bel et bien une corruption et une destruction de l'homme : elles touchent à la fois l'esprit, l'âme, et le corps qui est le temple de Dieu. La bible révèle combien l'immoralité sexuelle détruit en ce terme : *« ne savez-vous pas que vos corps sont les membres du Christ? Prendrai-je les membres du Christ pour en faire des membres de prostituée? Certes non! Ne savez-vous pas que celui qui s'unit à la prostituée fait avec elle un seul corps? Car il est dit: Les deux ne seront qu'une seule chair. Mais celui qui s'unit au Seigneur est avec lui un seul esprit. Fuyez la débauche. Tout autre péché commis par l'homme est extérieur à son corps. Mais le débauché pèche contre son propre corps Ou bien ne savez-vous pas que votre corps est le temple du Saint Esprit qui est en vous et qui vous vient de Dieu, et que vous ne vous appartenez pas? »* 1 corinthiens 6 15-19

Si nous prenons soin de notre propre corps, si nous acceptons l'œuvre de Jésus-Christ, et si nous acceptons notre nouvelle identité en Christ et notre vraie image dans le plan de Dieu; si nous respectons notre corps comme demeure de Dieu alors serons-nous capables d'expérimenter le véritable amour pour soi-même et saurons aimer notre prochain. Nous devons travailler à ce que nous sommes et non pas à ce que nous voudrions être.

Si nous nous abandonnons à Dieu et nous ouvrons à la révélation selon sa connaissance, nous apprendrons à nous considérer selon sa volonté dans notre nouvelle image comme cela est écrit dans Ephésiens 4:23-24 *«Mais vous, ce n'est pas ainsi que vous avez appris Christ, si du moins vous l'avez entendu, et si, conformément à la vérité qui est en Jésus, c'est en lui que vous avez été instruits à vous dépouiller, eu égard à votre vie passée, du vieil homme qui se corrompt par les convoitises trompeuses, à être renouvelés dans l'esprit de votre intelligence, et à revêtir l'homme nouveau, créé selon Dieu dans une justice et une sainteté que produit la vérité ».*

Dieu nous révèle ce que nous sommes réellement, en lui nous découvrons notre bassesse, nos faiblesses, et notre égoïsme mais en même-temps il nous tend sa main salvatrice et nous prend avec tant de bonté entre ses bras. L'amour de Dieu manifesté en Jésus Christ et répandu dans nos cœurs par le

Saint Esprit qui opère des changements merveilleux. Par nous-mêmes, nous nous aimons d'un amour déréglé, égoïste et charnel qui nous a perdus. Jésus-Christ en nous, espérance de la gloire.

CHAPITRE TROIS
AIMER SON PROCHAIN

« Et voici le second, qui lui est semblable: Tu aimeras ton prochain comme toi–même ». Matthieu 22:39

Dans L'ancien testament le prochain peut être un ami, un compagnon ou une personne qui vit tout près. Selon le dictionnaire biblique le mot 'prochain' sert généralement à désigner les gens vis-à-vis desquels on doit se comporter d'une manière amicale. A la question « *Qui s'est montré prochain de celui qui est tombé victime des brigands? »* posée dans Luc 10 :29, Jésus-Christ a substitué une définition passive du mot prochain par une active: *« mon prochain c'est celui qui a besoin de mon aide, à qui je peux témoigner de la bonté : celui qui sait exercer de la miséricorde ».*

Ce commandement comme l'a indiqué le Seigneur Jésus Christ et le deuxième qui résume la loi et les prophètes. La 'règle d'or' : **faire le bien**. Ainsi, tout ce que les Écritures enseignent concernant notre devoir envers notre prochain se résumer par la règle d'or : '*tout ce que vous voulez que les hommes fassent pour vous, faites–le vous–mêmes pour eux'*.

L'amour prescrit traditionnellement à l'individu de nombreux devoirs, comme: « *Honore ton père et ta mère afin de jouir d'une longue vie dans le pays que l'Éternel ton Dieu te donne ;Tu ne commettras pas de meurtre ;Tu ne commettras pas d'adultère ;Tu ne commettras pas de vol ;Tu ne porteras pas de faux témoignage contre ton prochain ;Tu ne convoiteras pas la maison de ton prochain, tu ne convoiteras ni sa femme, ni son serviteur, ni sa servante, ni son bœuf, ni son âne, ni rien qui lui appartienne* ».

À ces devoirs de l'individu correspondent en fait autant de droits des autres individus. Aimer son prochain c'est avant tout un commandement qui s'intéresse à la relation de l'homme avec autrui. Il s'agit du comportement de l'individu dans ses relations avec le prochain (parents, proches parents, amis, frères et sœurs, etc.) au sein de sa communauté. Ceci est une recommandation, insistante de Dieu aux hommes dans le but de construire une communauté ou règne l'équité et la paix.

C'est aussi une obéissance à Dieu qui implique un respect de valeurs fondamentales des droits de l'homme, de la famille et de la société. Dans le nouveau Testament, lorsque le Seigneur Jésus-Christ résume la loi et les prophètes dans l'amour de Dieu et du prochain, le grec rapporte cet amour par le mot 'agapao' le même que la bible emploie pour 'aimer Dieu'. C'est ce mot qui traduit un amour sincère, désintéressé, semblable à celui du Créateur et du Sauveur pour le genre humain. C'est un amour qui a pour fondement non pas les sentiments individuels, l'autosatisfaction mais il est plutôt basé sur des principes des valeurs de Dieu. C'est un amour raisonné qui nécessite la connaissance, un engagement et une application.

Nous pouvons saisir cette compréhension dans la parabole que christ donne sur le bon samaritain. Jésus a montré qu'aimer le prochain n'est en aucun cas conditionné par des considérations individuelles de race, du rang social, ou de son appartenance ethnique ou tribu. Car pour des raisons historiques les samaritains étaient méprisés par les juifs et on n'imagine pas un seul instant qu'un samaritain puisse ressentir de l'affection pour un juif et encore moins dépenser un seul centime de sa fortune pour le faire soigner et le loger. Ici, Jésus démontre comment, le samaritain a considéré la valeur d'une vie, car la vie d'un homme a du prix devant Dieu. Le samaritain a répondu au besoin de l'homme qui était souffrant de suite d'une agression des bandits.

A travers la bible, l'amour est exclusivement défini dans le rapport Dieu-homme; homme-Dieu et homme-homme. Paul WELLS dans son article Les différents visages de l'amour selon la Bible dit que *« L'amour, dans son sens profond, ne peut pas exister sans une alliance qui implique non pas un amour en circuit fermé, un aller et retour dans l'amour, mais son expression à l'extérieur envers d'autres dans une vie commune »*. Tous ceux qui sont autour de nous sont nos prochains : Ceux de la maison de Dieu c'est-à-dire l'église, et ceux de la famille naturelle. L'amour nous soumet à un devoir de considération sociale et de respect de la vie humaine. En résumé il est question de cultiver l'attitude de compassion, s'appliquer à la générosité, et exerce l'hospitalité.

Aimer le prochain est la manifestation de notre foi dans le Seigneur Jésus-Christ, qui en est Apôtre et le Consommateur. C'est dans l'engagement et la loyauté à Dieu que 'aimer le prochain se révèle être possible. Cela suppose les œuvres : des paroles et actes et des gestes de grâce, d'amitié et de gratitude, de compassion, envers ceux qui sont dans le besoin.

1. Paroles assaisonnées de sel

« Il nous faut savoir que toutes les mauvaises paroles que nous proférons cotre un frère ou une sœur, soit pour critiquer ou mépriser, toute médisance dirigée à son encontre affectent les relations qui se refroidissent et finissent par se briser avec le temps si rien n'y est fait ». **Rev. Past. Samuel Mwamba**

« Que votre parole soit toujours accompagnée de grâce, assaisonnée de sel, afin que vous sachiez comment il faut répondre à chacun » Colossiens 4 : 6

La parole de Dieu nous recommande d'avoir des paroles douces et assaisonnées de sel ; des paroles aimables et sensées dit la version 'le livre'. Voir Jacques 3 : 4 LSG

Nous devons apprendre à être maître de notre langue et apprendre à en faire un usage responsable en faisant passer l'amour avant tout. Car avec notre langue nous pouvons tuer ou faire vivre. *'La vie et la mort sont au pouvoir de la langue'* tout comme la bénédiction et la malédiction. La langue est une source et les paroles sont comme l'eau qui en coule capable de donner la vie ou la mort, la bénédiction ou la malédiction ; elle est cette source qui fait jaillir le dépôt qui se trouve en nous. Christ a dit « *c'est de l'abondance du cœur que la bouche parle* » si notre cœur cultive et se rempli des pensées d'amour les paroles seront des parole d'amour. Comme toutes les sources de la vie viennent de notre cœur, la bible nous recommande de le garder plus que tout autre chose selon Proverbes 4 : 23 *« garde ton cœur plus toute autre choses car de lui viennent les sources de la vie ».*

« L'homme est ce que sont ses pensées » nous disent les saintes écritures, on ne peut donc se comporter ou parler différemment de ses pensées. Compte tenu de la nature de la chaire et de la langue qui est en fait le monde de l'iniquité, il sera nécessaire de se discipliner et de se faire une toilette constante et efficace de nos pensées ou de notre cœur afin de pouvoir meubler notre langue des paroles douces, aimables et pleine de sens, et assaisonnées de sel. C'est par la parole de Dieu essentiellement que nous devons faire cette toilette. Avoir un langage taillé à la dimension de l'amour 'agape'. L'apôtre Paul écrit aux *Phillipiens au chapitre 4 : 8 « Au reste frère que tout ce qui est vrai, tout ce qui est honorable, tout ce qui est juste, tout ce qui est pure, tout ce qui est aimable, tout ce qui mérite l'approbation, ce qui est vertueux et digne de louange, soit l'objet de vos pensées »* il ressort de ce texte que nous devons

occupez nos pensées à tout ce qui glorifie Dieu et qui doit faire du bien à nos semblables.

2. Actes de bienveillance

Dans l'A.T. Dieu avait en fait ordonné de cultiver l'amour du prochain à travers des actes de bonté, de bienveillance, et de compassion. Le texte de Lévitique 19 versets 9 à 18 se rapportent plutôt aux relations avec le prochain. La lettre aux hébreux dans son chapitre Hébreux 10:24 exhorte explicitement à la même chose en utilisant le mot français 'charité' tire du grec 'agape (ag-ah'-pay)' en disant ceci « *Veillons les uns sur les autres, pour nous exciter à la charité et aux bonnes œuvres* ». La version Darby le rend ainsi *«et prenons garde l'un à l'autre pour nous exciter à l'amour et aux bonnes œuvres ».* Aimer le prochain c'est agir conséquemment afin de soulager celui qui est dans le besoin (exercer de la compassion), c'est ce que Jésus Christ décrit dans la parabole du samaritain dans l'évangile de Luc 10 : 25-31. Prendre soin de quelqu'un est un acte qui témoigne de l'amour et comme mentionne ci-haut. Le texte de Jacques 2 :14-17 nous révèle qu'une foi authentique est accompagnée des bonnes œuvres, *« Mes frères, que sert-il à quelqu'un de dire qu'il a la foi, s'il n'a pas les œuvres? La foi peut-elle le sauver? Si un frère ou une sœur sont nus et manquent de la nourriture de chaque jour, et que l'un d'entre vous leur dise: Allez en paix, chauffez-vous et vous rassasiez! Et que vous ne leur donniez pas ce qui est nécessaire au corps, à quoi cela sert-il? Il en est ainsi de la foi: si elle n'a pas les œuvres, elle est morte en elle-même. »* Comme nous le constaterons c'est un acte qui ne dépend ni de la tribu, ni de la religion, du sexe ou de rang social. Certaines personnes conditionnent leur aide ; ils n'assistent que ceux qui sont à mesure de le leur rendre, s'ils partagent les mêmes avantages sociaux, culturels. Dans la parabole citée, celui qui a pris soin du juif, était un Samaritain, et les samaritain avaient un rapport difficile avec les juifs comme nous pouvons le lire dans Jean 4 :9. Cette crise entre eux n'a pas empêché au samaritain de prendre soin du juif. Car 'agape (ag-ah'-pay)' est un amour bien au-delà des sentiments personnels et des jugements subjectifs.

Nous avons développé ces derniers temps de façon radicale une fuite de responsabilités: Les paroles et conseils que nous donnons à nos semblables qui se trouvent dans le besoin surtout dans certaines circonstances ne sont rien d'autre qu'un moyen d'échapper à notre responsabilité d'exercer l'amour en posant des actes conséquents. C'est par nous que Dieu agit dans les autres et pour les autres et c'est nous qui devons poser les actes. Notre foi nous sauve nous, et nos bonnes œuvres soulagent nos prochains. Souvent nous aimons dire : *« Jésus t'aidera »* alors que nous sommes en position de faire quelque chose, nous sommes prompts à ouvrir la bible et réciter un verset lorsqu'un membre est dans le besoin alors qu'à côté nous avons le moyen d'agir et de le soulager ; Le livre des Proverbes dans son chapitre 3 versets 27-28, nous apporte une certaine ligne de conduite dans le cas qui est notre : *« ne refuse pas un bienfait à celui qui y a droit, quand tu as le pouvoir de l'accorder. Ne dis pas à ton prochain va et reviens, demain je donnerai ! Quand tu as de quoi donner »*. L'apôtre Paul dans son épître aux Thessaloniciens fait mention du travail de la charité ; c'est inutile de dire que *« j'ai la foi, je suis chrétien »*, alors qu'on ne sait pas prendre soin des autres dans le besoin. Dieu nous a donné à tous une certaine mesure de grâce suffisante pour soulager et consoler quelqu'un ; il est très évident que nous ne pouvons faire au-delà de nos moyens. Les actes d'amour peuvent être énumérés comme suite : de la prévenance, pourvoir aux besoins des saints, se réjouir avec ceux qui se réjouissent, pleurer avec ceux qui pleurer, agir humblement, rendre le bien pour le mal, rechercher ce qui est bien, ne pas se venger, donner à manger, donner à boire, toujours surmonter le mal par le bien etc. la liste est bien longue. Sans ces actes nous devons comprendre que notre foi est morte, car elle ne peut ni sauver ni aider. Les bonnes actions ; les actions d'amour sont la preuve de notre foi. Le manque d'amour et des actes qui le caractérisent se répercute dans tous les secteurs de la vie et de la société humaine.

Mais beaucoup de ce que nous voyons dans différents domaines sur le plan mondial est le résultat du désir acharné de l'homme pour l'argent et le pouvoir. La cupidité, et l'égoïsme de l'homme affectent la santé des populations, la bonne justice sociale et l'environnement, développe des déplacements croissants des populations, à cause des guerres, et de la pauvreté essentiellement. Le livre des actes de apôtres 4 : 34-35 nous montre une image de ce que serait une communauté empreinte d'amour. Le bonheur de ces communautés reposait sur un partage équitable des biens en sorte qu'il n'y avait pas d'indigents au milieu d'eux. La parole de Dieu nous emmène à comprendre que le bonheur et la paix que le monde recherche tant en multipliant toute sorte d'alliances et concepts résident dans le pouvoir de l'amour et non dans l'amour du pouvoir.

La communauté chrétienne a une vocation liée à l'action salvatrice de Christ. Il nous faut voir Christ qui nous ordonne 'l'amour'. Bien que nous pouvons admettre que cet appel à aimer souffre de l'inconscience et de l'incohérence dans la manière de suivre Christ ; notre attention doit être attirée par le fait que nous traversons une époque où le monde est lourdement armé d'un système destructeur et cela à tous les niveaux sans distinction d'âge, de sexe ou race. Etre Chrétien, exige de nous une obéissance totale à Christ. Nous devons être prêts à porter la croix ; partager les fardeaux les uns des autres. La bible nous demande non seulement de croire en Christ mais aussi de le témoigner en actes et en paroles. Nous sommes appelés à témoigner l'amour entre nous et envers les autres. Tout chrétien doit tendre à une foi adulte et prendre une position résolument ferme contre l'égoïsme, la haine et l'indifférence que le monde prône comme valeur. Nous devons développer les actes de charité basée sur un véritable amour.

La question de l'amour véritable a une dimension profonde sur tous les plans devant Dieu, pour soi-même et son prochain. *Esaïe 58 ; 7-11*, nous révèle que Dieu est sensible à nos prières et à nos besoins lorsque nous prenons soin de celui qui est dans le besoin, en posant ainsi les actes d'amour: *« Voici le jeûne auquel je prends plaisir: Détache les chaînes de la méchanceté, Dénoue les liens de la servitude, Renvoie libres les opprimés, Et que l'on rompe toute espèce de joug; Partage ton pain avec celui qui a faim, Et fais entrer dans ta maison les malheureux sans asile; Si tu vois un homme nu, couvre-le, Et ne te détourne pas de ton semblable. Alors ta lumière poindra comme l'aurore, Et ta guérison germera promptement; Ta justice marchera devant toi, Et la gloire de l'Eternel t'accompagnera. Alors tu appelleras, et l'Eternel répondra; Tu crieras, et il dira: Me voici! Si tu éloignes du milieu de toi le joug, Les gestes menaçants et les discours injurieux, Si tu donnes ta propre subsistance à celui qui a faim, Si tu rassasies l'âme indigente, Ta lumière se lèvera sur l'obscurité, Et tes ténèbres seront comme le midi. L'Eternel sera toujours ton guide, Il rassasiera ton âme dans les lieux arides, Et il redonnera de la vigueur à tes membres; Tu seras comme un jardin arrosé, Comme une source dont les eaux ne tarissent pas ».*

Les actes d’amour peuvent être individuels comme dans les cas de Dorcas, également appelée Tabitha. elle était connue à Joppé pour ses œuvres charitables. Elle prenait continuellement soin des dépourvus et venait en aide aux nécessiteux. *« Nous t'en prions, viens chez nous sans tarder Pierre partit tout de suite avec eux. Lorsqu'il fut arrivé, on le conduisit dans la chambre située en haut de la maison. Toutes les veuves s'approchèrent de lui en pleurant; elles lui montrèrent les chemises et les manteaux que Tabitha avait faits quand elle vivait encore ».* Pierre pria et elle revint à la vie *(actes 9 36-39 français courant)*

Les actes d'amour peuvent aussi être collectifs et souvent préparés comme nous le voyons avec l'apôtre Paul qui s'était investi activement dans la réalisation d'une collecte parmi les Eglises qu'il avait fondées pour remédier à la pauvreté des chrétiens de Jérusalem dans le texte *Galates 2:10 « Ils nous demandèrent seulement de nous souvenir des pauvres de leur Église, à Jérusalem, ce que j'ai pris grand soin de faire ».* On leur avait déjà apporté un don d'Antioche en *Actes 11:30 « Les disciples résolurent d'envoyer, chacun selon ses moyens, un secours aux frères qui habitaient la Judée. Ils le firent parvenir aux anciens par les mains de Barnabas et de Saul ».* Cette grande collecte mentionnée dans le livre de 1 Corinthiens 16:1-2ss est une œuvre de charité digne d'une foi authentique en Jésus-Christ. Un exercice de miséricorde remarquablement grand. Chaque chef de famille devait mettre de côté une partie de son revenu hebdomadaire pendant un temps afin que la collecte puisse être portée à Jérusalem au printemps suivant. Les chrétiens de Macedoine insistaient pour participer à la collecte en faveur de l'église de Jérusalem et à eux s'est jointe l'église d'Achaïe quoiqu'ils eussent à peine de quoi vivre. Il est important de faire remarquer ce geste tout particulier. Il y a des situations autour de nous qui nécessitent une intervention d'envergure. Force est de reconnaître que c'est souvent difficile d'intervenir du coup. Mais sous l'élan de l'amour et le zèle de la charité nous pouvons savamment préparer nos interventions auprès des autres sur un temps suffisamment raisonnable. Mais il faut y penser, il faut prier et organiser. Dans cette même perspective nous pensons aussi à l'église de Corinthe que l'apôtre Paul préparait aux œuvres de charité : *« ...Je ne voudrais pas, si les Macédoniens m'accompagnent et ne vous trouvent pas prêts, que cette assurance tournât à notre confusion, pour ne pas dire à la vôtre. J'ai donc jugé nécessaire d'inviter les frères à se rendre auparavant chez vous, et à s'occuper de votre libéralité déjà promise, afin qu'elle soit prête, de manière à être une libéralité, et non un acte d'avarice. Sachez-le, celui qui sème peu moissonnera peu, et celui qui sème abondamment moissonnera abondamment. Que chacun donne comme il l'a résolu en son cœur, sans tristesse ni contrainte; car Dieu aime celui qui donne avec joie... ».* 2 Corinthiens 9 : 3-6

Un autre fait, à la lumière de l'église de Macédoine d'Achaïe est qu'ils n'ont pu trouver d'excuses même au milieu des grandes difficultés à cause de la noblesse de l'amour. Paul fait aussi mention de cette collecte dans Romains 15:25ss : « *Présentement je vais à Jérusalem, pour le service des saints. Car la Macédoine et l'Achaïe ont bien voulu s'imposer une contribution en faveur des pauvres parmi les saints de Jérusalem. Elles l'ont bien voulu, et elles le leur devaient; car si les païens ont eu part à leurs avantages spirituels, ils doivent aussi les assister dans les choses temporelles* ». La raison principale était de répondre par des actes concrets à la situation de l'église de Jérusalem. C'était en fait une réponse de l'amour à l'amour ; car de l'église de Jérusalem ils ont reçu l'évangile. La moindre chose qu'ils pouvaient en retour c'est leur apporter assistance matérielle et financière. Paul voulait que les Gentils démontrent qu'ils avaient assez d'amour pour obéir et soulager les autres

« Pour ce qui concerne la collecte en faveur des saints, agissez, vous aussi, comme je l'ai ordonné aux Églises de la Galatie. Que chacun de vous, le premier jour de la semaine, mette à part chez lui ce qu'il pourra, selon sa prospérité, afin qu'on n'attende pas mon arrivée pour recueillir les dons. Et quand je serai venu, j'enverrai avec des lettres, pour porter vos libéralités à Jérusalem, les personnes que vous aurez approuvées. Si la chose mérite que j'y aille moi-même, elles feront le voyage avec moi ». 1 corinthiens 16 : 1-5

Les actes de charités peuvent aussi être spontanées et ce cas sont souvent individuelles, comme le cas du Bon Samaritain dans Luc 10 : 25ss, le cas de Rahab dans Josué 2 : 1ss, et Abigaïl, femme de Nabal qui apporta des dons à David après le refus brutal de son mari dans *1 Samuel 25:1ss*. Il peut arriver que nous soyons pris par surprise à intervenir dans une situation comme dans l'un des cas précités. Ceci est une question de cœur ; un cœur meublé par la lumière et l'amour de Dieu ne peut qu'agir dans la mesure de ses moyens.

3. Pardonner

En effet l'homme est pétri des faiblesses. Il n'existe nulle part où l'on peut vivre à l'abri des différends et des offenses des autres. Que faisons-nous donc quand il arrive que nous sommes offensés, heurtés et choquées dans notre fort intérieur par quelqu'un d'autre. Bien évidemment le 'moi' resurgit et nous nous mettons sur l'offensif. La bible nous donne un autre son de cloche à savoir pardonner. Quel que soit la nature de l'offense, le pardon est un devoir ; un commandement. Comme nous le lisons *Ephésiens 4:32 « Soyez bons les uns envers les autres, compatissants, vous pardonnant réciproquement, comme Dieu vous a pardonné en Christ ».*

Les offenses dressent un mur dans nos relations avec les hommes et avec Dieu.

Celui qui offense tend à se soustraire et finit par s'isoler. La responsabilité du pardon est plus sur celui qui est offensé que sur celui qui a commis offense : Il est donc du devoir de l'offensé de chercher à le reprendre par amour *« Et si ton frère pèche contre toi, va, reprends-le, entre toi et lui seul ; s'il t'écoute, tu as gagné ton frère ; mais s'il ne t'écoute pas, prends avec toi encore une ou deux personnes, afin que par la bouche de deux ou de trois témoins toute parole soit établie. Et s'il ne veut pas les écouter, dis-le à l'assemblée ; et s'il ne veut pas écouter l'assemblée non plus, qu'il te soit comme un homme des nations et comme un publicain »*. Matthieu 18 :15. Cette démarche a un pouvoir libérateur. Pour l'offenseur elle aura pour effet de le sauver cette âme de la mort et couvrira une multitude de péchés s'il ce dernier l'accepte *Jacques 5 : 19-20*; Et pour l'offensé cette démarche fera en sorte qu'il ne sera pas chargé du péché de la haine, de la rancune et de la vengeance, selon *Lévitique*

18, 17 LSG. Le fait de s'engager à aller voir celui qui nous a fait du tort dans le seul but de le reprendre constitue une ouverture et c'est une grande marque d'amour. Mais si au contraire, nous nous enfermons en nous-même, dans l'orgueil, le mur grandit et le gouffre devient énorme et tout bascule dans une inimitié totale.

Le discours de Christ et de jacques qui parle de 'ton frère' renseigne que nous ne sommes pas à l'abri des faiblesses au sein de la famille, et de la famille chrétienne. Les textes inspirés de Dieu soulignent l'importance qu'à en occurrence la grande famille chrétienne devant Dieu. Est notre frère, sœur, mère père celui qui fait la volonté de Dieu ; étant dans la même famille de Dieu nous pouvons être offensé, mais nous devons pardonner. Car savoir pardonner nous délivre de la haine et nous préserve contre la rancune et l'inimitié.

Le pardon est une étape incontournable pour émerger dans les rapports humains et dans l'amour fraternel. L'œuvre de Christ a comme aboutissement le pardon. Dans le conflit qui opposa Esaü et Jacob par exemple, plus tard nous voyons Esaü, l'offensé, qui avait conçu de la haine et de la vengeance contre son frère Jacob, se saisir de l'opportunité lui offerte et s'était engagé à faire le pas vers son frère Jacob, l'offenseur. Et par la suite ils furent tous deux, leurs familles ainsi que leurs serviteurs libérés de la haine - *Genèse 33 : 1-11*. Il est évident que quand nous nous engageons dans cette démarche pour pardonner, nous nous imaginons ce que sera la réaction de notre frère, et même de fois nous n'osons espérer qu'il puisse nous écouter. Mais il nous faut nous préoccuper de l'initiative et de l'action et Dieu fera le reste.

Le manque du pardon est un handicap majeur au bienêtre. Et un manquement tout aussi grave à la parole de Dieu. Nous avons étés pardonnés par Dieu et conséquemment nous avons le devoir de pardonner. Et si nous pardonnons, nous pouvons espérer être aussi pardonnés. *« Pardonne-nous nos offenses, comme nous aussi nous pardonnons à ceux qui nous ont offensés; ... Si vous pardonnez aux hommes leurs offenses, votre Père céleste vous pardonnera aussi; mais si vous ne pardonnez pas aux hommes, votre Père ne vous pardonnera pas non plus vos offenses ». Matthieu 6:12,14-15 LSG*

Le nombre de fois à pardonner dans l'enseignement de Jésus est très significatif, c'est-à-dire à ne pas compter. Car lorsque l'on agit par amour on ne compte pas les pardons accordés. Nous reviendrons le pardon lorsque nous aborderons le point sur aimer son ennemi.

4. Supporter Le Faible

« Faites accueil à celui qui est faible dans la foi, et ne discutez pas sur les opinions. Tel croit pouvoir manger de tout: tel autre, qui est faible, ne mange que des légumes. Que celui qui mange ne méprise point celui qui ne

mange pas, et que celui qui ne mange pas ne juge point celui qui mange, car Dieu l'a accueilli. Qui es-tu, toi qui juges un serviteur d'autrui? S'il se tient debout, ou s'il tombe, cela regarde son maître... » Romains 14 : 1-15 LSG

Aimer son prochain exige de savoir supporter les faibles parmi nous. Ce que nous ne peut corriger en nous ou dans les autres, nous devons le supporter avec patience et amour, jusqu'à ce que Dieu en ordonne autrement. Nous avons le devoir de nous appliquer à supporter patiemment les défauts et les infirmités des autres, quelles qu'ils soient, parce qu'il y a aussi bien des choses en nous que les autres ont à supporter. Alors que nous sommes tous pétris de faiblesses et que nous n'arrivons pas à nous changer nous-même, comment pouvons-nous exiger que les autres changent ? la réalité dans nos communautés est vraiment triste ; le manque d'amour bafoue les valeurs de l'évangile que nous sommes appelés à porter sans faillir.

Lorsqu’un frère ou une sœur en tort nous voulons qu'on le reprenne sévèrement, mais quand il s’agit de nous-mêmes, nous voulons plutôt être excusé. Nous ne supportons pas que l’on nous prive de la liberté, mais pour l’autre nous cherchons à ce qu’il tenu par toute sorte des règles. Par-là on voit clairement combien il est rare que dans notre nature humaine nous usions de la même mesure pour nous et pour les autres.

Dans toutes nos relations il y a deux choses à s’interdire ‘mépriser et critiquer’. Les divergences de vues sur le manger, boire et vêtement ne doivent en aucun cas porter préjudice à un membre pour qui Dieu a payé très cher. Apprenons à porter le fardeau les uns des autres.,

CHAPITRE QUATRE
AIMER SON ENNEMI

« Vous avez appris qu'il a été dit: Tu aimeras ton prochain, et tu haïras ton ennemi. Mais moi, je vous dis: Aimez vos ennemis, bénissez ceux qui vous maudissent, faites du bien à ceux qui vous haïssent, et priez pour ceux qui vous maltraitent et qui vous persécutent, afin que vous soyez fils de votre Père qui est dans les cieux; car il fait lever son soleil sur les méchants et sur les bons, et il fait pleuvoir sur les justes et sur les injustes. Si vous aimez ceux qui vous aiment, quelle récompense méritez-vous? Les publicains aussi n'agissent-ils pas de même? Et si vous saluez seulement vos frères, que faites-vous d'extraordinaire? Les païens aussi n'agissent-ils pas de même? » Matthieu 5 :43-46

« Quoi qu'il en soit, Jésus a prononcé ces paroles, qui présentent une progression

remarquable, à la fois dans le mal à souffrir et dans le bien à faire. D'une part des ennemis qui maudissent, haïssent, persécutent, d'autre part des chrétiens qui aiment, bénissent, font du bien, prient. De part et d'autre on passe des sentiments aux actes » commentaire BA.

Le commandement d'aimer devient plus complexe dans le N.T. Dans le texte de *Matthieu 5 :43-46* le Seigneur Jésus-Christ nous commande d'aimer nos ennemis du même amour *'agape'* comme pour Dieu et pour le prochain. Ce commandement prouve que l'amour tel qu'ordonné par Dieu n'est pas celui du genre humain, ou un simple sentiment. Car on n'imagine pas un être humain ressentir la moindre 'attirance' ou 'affection' pour un ennemi.

Qui est donc, notre ennemi ? Est ennemi, celui qui cause du tort avec préméditation, qui désire et agit pour nous voir échouer, mourir ; celui qui médite de nous détruire ; et en retour c'est la personne que nous voulons voir souffrir comme récompense du tort qu'il nous a fait, celle que nous voulons punir, et faire sentir l'amertume. C'est aussi la personne sur qui nous voulons nous venger.

Mais Jésus Christ, a ordonné d'aimer nos ennemis. Nos opinions individuelles, nos sentiments, nos émotions, et même nos pulsions physiques n'y ont aucune part. Aimer c'est la seule façon de les désarmer et de détruire toute inimitié comme le dit ce texte de Victor Hugo « *Savez-vous ce que c'est que cette parole du Christ : Aimez-vous les uns les autres ? C'est le désarmement universel. C'est la guérison du genre humain. La vraie rédemption, c'est celle-là. Aimez-vous. On désarme mieux son ennemi en lui tendant la main qu'en lui montrant le poing. Ce conseil de Jésus est un ordre de Dieu... Discours d'ouverture du Congrès littéraire international de Victor Hugo le 7 juin 1878...*»

Cependant la question se pose : comment aimer son ennemi ? quels sont les éléments qui prouverons que nous aimer notre ennemi selon le commandement de Jésus Christ ? Voici donc quatre degrés de charité à franchir envers des ennemis : les *Aimez, les bénir, leur faire du bien, et prier pour eux.*

1. Aimez vos ennemis

Le meilleur commentaire sur ces points est l'exemple de celui qui les a donnés, à savoir Jésus Christ notre Seigneur. Car nous devons *aimer comme lui a aimé.*

a. Aimer notre ennemi c'est lui pardonner

« *Heureux celui à qui la transgression est remise, A qui le péché est pardonné* »

Psaumes 32:1

Pardonner son ennemi est un devoir *d'Aimer* que la grâce de Dieu nous impose. Le pardon est un acte lié à l'obéissance de la foi en Jésus Christ. Et il a pour objectif fondamental de démontrer premièrement l'Amour. Et deuxièmement il démontre que nous sommes devenus fils de Dieu. Le verbe devenir indique que nous avons étés transformés. S'agissant des chrétiens comme exhorte Paul disant « *Soyez transformés par le renouvellement de l'intelligence* » Romain 12:2. Le renouvellement de notre intelligence nous rend différents du reste du monde; il nous fait réagir en fonction du don du Saint Esprit et de l'amour de Dieu qu'il a répandu dans nos cœurs. Celui qui a fait l'expérience du pardon de Dieu a le devoir de pardonner à son ennemi.

Selon les dictionnaires bibliques voici les principaux mots utiliser pour traduire le pardon :

Dans l'A.T. sont à 3, à savoir :

- *Kipper*, qui évoque l'expiation;
- *nasa* : lever, élever, porter Le 5.1, 17; 17.16; 20.19; 24.15; Eze 23.35 qui parle des conséquences du péché et du châtiment qui en résulte, que parfois quelqu'un d'autre pourrait porter Ex 34.7; Le 19.17 pour arriver

au Serviteur souffrant Isa 53.4, 12 qui porte sur lui notre péché pour l'enlever; enfin

- *salaH* : remettre une dette, une faute 1Ki 8.30, 39; Isa 55.7 ou ne pas la remettre 2Ki 24.4

Dans le N.T., les mots principaux sont :

- *aphiêmi* de la racine aphesis : détacher, envoyer au loin, donc remettre dettes ou péchés, d'où l'idée de rémission et de pardon Mt 6.12, 14, 15; 9.2; 12.31, 32
- *hilaskomai* : expier, pardonner Lu 18.13; Heb 8.12 (citant Jr. 31.34).
- *apoluô* : relâcher Lu 6.37 (trad. dans C. par absoudre)
- *kaluptô* : couvrir, parfois utilisé à propos des péchés Rom 4.7 (citant Ps. 32.1) Jacques 5.20 (citant Prov. 10.12) #1Pe 4.8 (citant également Prov. 10.12).

Le pardon n'est pas le fait de chercher à oublier l'offense de l'ennemi et le tort qu'il nous a causé, car on peut ne pas y arriver. Pardonner à quelqu'un veut dire, retirer toute possibilité de tirer vengeance sur lui ou de le punir ; renoncer aux ressentiments ou à toute autre réclamation sur le compte de son offense.

Naturellement toutes nos cordes vitales vibrent et réclament justice, surtout quand quelqu'un nous a offensé ; nous ne tardons pas à nous faire notre propre justice et lui montrer de quoi sommes-nous capables, ou combien supérieur sommes-nous, surtout chercher à l'humilier. Des réactions bien que naturels, sont simplement l'expression de de notre orgueil, et dont le but est de satisfaire notre homme charnel, et préserver notre amour propre. Un homme qui n'est pas passé par la régénération et qui est égocentré ne peut Aimer et jamais ne saura pardonner. Car dans cet acte sacrificiel il s'agit de montrer tout d'abord notre ressemblance à Dieu notre Père, et ensuite montrer notre reconnaissance à Dieu qui malgré l'inimitié due au péché n'a pas cessé de nous aimer et a tout fait pour nous sauver. Le pardon est une marque d'amour qui trouve son origine en Dieu lui-même.

L'histoire de Joseph nous montre que nous pouvons pardonner notre ennemi surtout quand nous nous rendons compte que notre bien-être n'est pas entre les mains de ceux qui nous maltraite et nous font du tort mais entre les mains de Dieu. Dans cette haine de ses frères Dieu a travaillé dans sa vie et tout autour de lui dans des buts très spécifiques ; en dehors des raisons propres à Joseph et à sa famille, Joseph a su alors qu'il était entre les mains de Dieu. Il a pu déclarer *« Maintenant, ne vous affligez pas, et ne soyez pas fâchés de m'avoir vendu pour être conduit ici, car c'est pour vous sauver la vie que Dieu m'a envoyé devant vous. Voilà deux ans que la famine est dans le pays; et pendant cinq années encore, il n'y aura ni labour, ni moisson. Dieu m'a envoyé devant vous pour vous faire subsister dans le pays, et pour vous faire vivre par une grande délivrance. Ce n'est donc pas vous qui m'avez envoyé ici, mais c'est Dieu; il m'a établi père de Pharaon, maître de toute sa maison, et gouverneur de tout le pays d'Egypte »* Genèses 45 :4-6. L'ennemi que Dieu met sur notre chemin travaille pour opère sous le contrôle de Dieu. Il n'a pas de vrai pouvoir, et ne peut agir que dans les limites lui impartie par Dieu qui d'ailleurs contrôle parfaitement la situation.

Le pardon à accorder à l'ennemi porte fondamentalement la notion de 'relâcher' issue de *apoluô et aphiêmi* (N.T.) et *salaH* (A.T). Ces mots grecs et hébreux indiquent le relâchement d'une dette, d'une obligation, d'une faute et même d'une corvée etc. Dans les termes bibliques le pardon évoque l'idée d'un renoncement volontaire à son droit de punir l'offenseur d'une façon quelconque, et l'annulation de toute mesure de vengeance ou de condamnation. Notre Seigneur Jésus Christ a fait de même, *Colossiens 2:14 « il a effacé l'acte dont les ordonnances nous condamnaient et qui subsistait contre nous, et il l'a détruit en le clouant à la croix »*

Le roi David nous donne aussi un autre exemple sur cette question. Saül rejeté par Dieu, a cherché ouvertement se saisir de David afin de l'éliminer et cela a maintes occasions. La bible nous montre que David avait des très bonnes occasions pour en finir une bonne fois pour toute avec Saul son ennemi mais il ne l'a pas fait selon 1 Samuel 24 :11-12 ;1 Samuel 26 :11-12. David déclare *« qu'il n'y a dans ma conduite ni méchanceté, ni révolte et que je n'ai point pécher contre toi... »*. Il n'y avait en David aucune rancune contre Saül au point que même la mort de Saül fut un grand deuil pour David qui composa en sa mémoire un cantique funèbre qu'il ordonna d'être enseigné sur tout le territoire. Pourtant, c'était son ennemi.

Lorsqu'on a été blessé, la tentation est grande de se faire justice. On justifie son esprit rancunier et les actes ou parole de vengeance. Cependant il faut savoir ce qui nourrit l'ennemi c'est la rancune, la haine. C'est comme une mine qu'il a déjà posée sur le chemin. Ainsi, lui répondre par rancune, ou la haine c'est posez le pied sur cette mine, les dommages seront dévastateurs. Envisager le meurtre d'un humain ou même sa destruction est une perspective satanique. Raison pour laquelle Matt. 5 :43 dit *Aimez vos ennemis, bénissez ceux qui vous maudissent, faites du bien à ceux qui vous haïssent, et priez pour ceux qui vous maltraitent et qui vous persécutent.*

2. Aimer notre ennemi c'est ne pas se venger

La vengeance est une tendance naturelle dans l'homme, comme un droit. La vengeance de l'Hébreux *'naqam'* ; et du grec *'ekdikesis' « c'est une punition infligée à quelqu'un en retour d'une offense »*. Dans l'A.T tout comme dans N.T. Dieu interdit de nous venger et il nous demande d'y renoncer et lui en laisser le soin *« Tu ne te vengeras point, et tu ne garderas point de rancune contre les enfants de ton peuple »* ; romain 12 :19 *« Ne vous vengez point vous-mêmes, bien-aimés, mais laissez agir la colère ; car il est écrit: A moi la vengeance, à moi la rétribution, dit le Seigneur »* Lévitique 19:18.

Dieu veut que l'homme renonce à revendiquer son droit à se faire justice comme l'a dit le Seigneur Jésus-Christ dans Matthieu 6 :1 *« Gardez-vous de pratiquer votre justice devant les hommes, pour en être vus; autrement, vous n'aurez point de récompense auprès de votre Père qui est dans les cieux »*. Celui qui médite la vengeance dans son cœur s'alimente d'une rancune qui empoisonne tout son cœur comme un breuvage mortel. Le poison d'un cœur qui ne pardonne pas n'est pas offert simplement à notre ennemi, mais aussi, est-il consommé par le cœur qui le porte. Celui qui se constitue en ennemi vit sous divers états d'âme : de culpabilités, d'amertume, de rage, de crainte, de rejet, et de solitude. Christ nous demande de faire la différence ; quand nous aimons notre ennemi nous démontrons que nous sommes véritable enfant de Dieu et que Dieu habite en nous. Nous sommes *le sel de la terre*. Notre rôle est donc d'arrêter la corruption qui ronge son cœur par des actes d'amour.

« Se venger d'une offense, c'est se mettre au niveau de son ennemi ; la lui pardonner, c'est se mettre au-dessus de lui ». Proverbe Anglais

3. Aimer son ennemi c'est agir avec bienveillance

Aimer est un verbe qui traduit les bonnes actions qui change d'une manière radicale notre ennemi. C'est seulement par la haine que notre ennemi existe. Et donc seul par Amour un cœur peut pardonner, et par le pouvoir de l'amour détruire toute inimitié pour ainsi faire de votre ennemi un ami. Un jour une dame a demandé à Abraham Lincoln

« pourquoi, aimez-vous vos ennemis au lieu de les détruire ? » Voici comment il répondit à la question *« Mme, ne suis-je pas en train de les détruire en les aimant ? ».* La bible nous donne un exemple où un ennemi fut traité en ami. Quand le roi d'Israël et le prophète Elisée avaient capturé l'armée du roi de Syrie ; Elisée conseilla au roi de ne pas les tuer : *« tu ne frapperas point ...donne leur du pain et de l'eau, afin qu'ils mangent et boivent, afin qu'ils s'en aillent ensuite chez leur maître. Le roi leur fit servir un grand repas, et ils mangèrent et burent ; puis il les renvoya chez leur maître »* 2 Rois 6 :22-23, la dernière partie du verset 23 ajoute et dit *« les bandes des Syriens ne revinrent plus sur le territoire d'Israël ».*

Comme nous l'avons déjà dit c'est seul par la haine que l'ennemi existe. L'amour est une puissance qui transforme un ennemi en ami. Les bandes syriennes, ennemies d'Israël ont été vaincu par un acte de bienveillance. L'apôtre Paul reprend le conseil d'Elisée en disant ceci dans « *Mais si ton ennemi a faim, donne-lui à manger ; s'il a soif, donne-lui à boire ; car en agissant ainsi ce sont les charbons ardents que tu amasseras sur tête. Ne te laisse pas vaincre par le mal, mais surmonte-le par le bien* ». Romain 12 : 20-21. Il n'y aurait jamais de meilleure façon de détruire notre ennemi que de l'aimer et le traiter avec bienveillance. Puis que Dieu est amour ; tout acte d'amour que nous posons envers notre ennemi provoque et entraîne en action la puissance de Dieu qui ne peut pas le laisser indifférent.

Dans l'AT, aux enfants d'Israël (peuple élu et serviteur de l'Eternel) Dieu avait ordonné d'étendre leur amour du prochain jusqu'à leur ennemie en ce termes, Exode 23:4 « *Si tu rencontres le bœuf de ton ennemi ou son âne égaré, tu le lui ramèneras* ». Imaginons un instant quel bonheur nous apportons à l'homme 'ennemi' lorsque par notre acte de bienveillance, nous sauvons ses biens, son emploi, sa famille ou sa vie. Et imaginons-nous quelle joie pour l'humanité lorsque par amour nous convertissons un cœur qui était plein de rage, de haine, et de rancœur en un cœur plein d'amour.

« Et c'est à cela que vous avez été appelés, parce que Christ aussi a souffert pour vous, vous laissant un exemple, afin que vous suiviez ses traces, Lui qui n'a point commis de péché, Et dans la bouche duquel il ne s'est point trouvé de fraude; lui qui, injurié, ne rendait point d'injures, maltraité, ne faisait point de menaces, mais s'en remettait à celui qui juge justement; lui qui a porté lui-même nos péchés en son corps sur le bois, afin que morts aux péchés nous vivions pour la justice; lui par les meurtrissures duquel vous avez été guéris. Car vous étiez comme des brebis errantes. Mais maintenant vous êtes retournés vers le pasteur et le gardien de vos âmes ».

1 Pierre 2 :21-24

« Ne vous vengez point vous-mêmes, bien-aimés, mais laissez agir la colère; car il

est écrit: A moi la vengeance, à moi la rétribution, dit le Seigneur. Mais si ton ennemi a faim, donne-lui à manger; s'il a soif, donne-lui à boire; car en agissant ainsi, ce sont des charbons ardents que tu amasseras sur sa tête. Ne te laisse pas vaincre par le mal, mais surmonte le mal par le bien ». Romains 12 :19-21

Souvenons –nous que le nouveau commandement consiste à aimer comme Christ nous aimé. Il est notre exemple, personne n'a subi l'hostilité et l'inimitié comme Jésus Christ. Nous avons la vocation de lui ressemble car lui aussi a tout souffert jusqu'à la mort. Et Christ a dit *« si vous aimez ceux qui vous aiment, quelle récompense méritez-vous ? Les publicains aussi n'agissent ils pas ainsi ? Et vous saluez seulement ceux qui sont vos frères, que faites-vous d'extraordinaires ? Les païens n'agissent-ils pas de même ? Soyez donc parfait comme votre Père céleste est parfait ».* Le plus souvent nous dressons nous même des barrières à cette vérité de Dieu. Nous créons un véritable mur en cultivant des idées du genre : *« cet homme est un diable incarné »* ; *« cette dame est sans cœur »* ; ce genre des paroles donne à notre esprit un état de dureté qui dresse un grand mur a la possibilité d'agir avec bienveillance a son égard. Poser les actes de bienveillance ne dépend en rien des actes que pose l'ennemi. Nous aimons l'ennemi à cause de la nouvelle nature : Nos opinions des autres tribus, races, sexes, cultures, et nos préférences personnelles sont un obstacle au vrai amour. Nous devons enlever le mur entre le 'je' et 'lui' qui est le 'moi' afin que le vrai amour jaillisse à la gloire de Dieu.

4. Aimer son ennemi c'est prier pour lui

« Mais moi, je vous dis: Aimez vos ennemis, bénissez ceux qui vous maudissent, faites du bien à ceux qui vous haïssent, et

priez pour ceux qui vous maltraitent et qui vous persécutent » Matthieu 5:44

Le même verset par lequel Christ nous recommande d'aimer nos ennemis contient cette formelle recommandation de prier pour eux. La prière est le moyen principal par lequel tout enfant de Dieu communique avec Dieu. Et elle est aussi cette communion de l'enfant de Dieu avec son père céleste, et elle inclut entre autre l'adoration et la louange, l'action de grâces, la confession, la requête.

En quoi donc consisterai une prière en faveur de celui qui nous maltraite, qui nous persécute, et ne cherche qu'à nous détruire ? La prière pour nos ennemis est une intercession : *« Père pardonne leur car ils ne savent ce qu'ils font »* Luc 23 : 24. Christ était en train de subir la torture des hommes, c'est dans son agonie qu'il laisse échapper de ses lèvres cette requête qui ôtât à Dieu toute possibilité de frapper. Sa prière nous montre comment prier pour notre ennemi.

Dans le jardin, la nuit où il fut arrêté, Christ interdit à Pierre de se venger, lui montrant que son Père pouvait bien le faire s'il le lui demandait, mais que cela n'était pas son but, il dit exactement ceci Matt 26 :53-54 *« remet ton épée à sa place car tous ceux qui prendront l'épée périront par l'épée. Penses-tu que je ne puisse invoquer mon père qui me donnerait à l'instant plus de douze légions d'anges ? Comment s'accompliraient les écritures, d'après lesquelles il doit en être ainsi ? »*.

Beaucoup d'entre nous préférerez utiliser la force pour régler l'inimitié, d'autres préfèrent que la situation soit autrement ; que Dieu enlève l'ennemi ou l'inimitié. Parce que c'est amer à porter. Jésus Christ après avoir considéré la coupe de souffrance va dire au Père *« si c'est possible que cette coupe s'éloigne de moi »*. Mais à la fin Il s'efface afin que s'accomplisse la volonté de Dieu. A cause de Dieu nous devons supporter l'inimitié si pénible soit-elle et nous en remettre à Dieu.

Il est totalement inutile de prier pour que Dieu maudisse ou punisse notre ennemi. Dieu avait déjà promis qu'il maudirait quiconque nous maudira, tout comme il bénirait quiconque nous bénira. D'une façon claire, ils sont déjà sous la malédiction tous ceux qui s'érigent en ennemi contre les enfants de Dieu (fils d'Abraham) selon le texte d'Exode 23:22 et Genèse 12:3 Dieu avait déjà dit à Abraham. Nous enfants de Dieu, sommes seuls qui pouvons arrêter la main de Dieu de frapper cet homme ou cette femme qui s'est érigé en ennemi par la prière en demandant à Dieu de lui pardonner et de lui faire grâce de se repentir car il faut que Dieu aussi lui pardonne. Car Jacques dit *« la prière fervente du juste a une grande efficacité ».* Christ dans son amour est venu sauver le monde et non le détruire, ceci explique sa prière. L'amour sauve, panse et console. La parole de Dieu ne nous autorise pas à maudire même notre ennemi. Avoir un ennemi pour qui nous ne prions pas, à qui nous ne pardonnons pas, est non seulement une désobéissance à Dieu, mais aussi, c'est se condamner à vivre sous le cancer d'amertume et de colère, de rancœur qui finira par nous détruire. C'est dur de de vivre les conséquences de la haine et de l'inimitié.

Souvent dans des moments d'adversité nous sombrons dans l'aveuglement et nous agissons dans la chair, nous abandonnons notre nouvelle nature et notre identité en Christ pour revêtir notre vieil homme qui est incapable face au pouvoir de destruction de nos ennemis et nous finissons comme des proies dans les griffes de l'ennemi. De cette manière il nous est pratiquement impossible d'aimer notre ennemi. Dans cette nature de Dieu nous avons endossé le ministère de la réconciliation qui a pour but de détruire toute forme d'inimitié. On ne peut porter en même temps ce ministère et entretenir la haine et l'inimitié dans le cœur. Le commandement d'aimer nos ennemis est une attente logique du fait de notre nouvelle identité en Jésus Christ.

Ainsi donc tout comme un Aigle utilise le vent pour voler plus haut alors que d'autres oiseaux se cachent, de même les torts que nous cause l'ennemi sont comme ce vent ; l'ensemble des obstacles que nous rencontrons est pour notre avantage car dans ces circonstances Dieu travaille en nous et tout autour de nous pour notre bien. Ces oppositions ont pour but de nous porter plus haut. Il est nécessaire de lui faire confiance en tant que Créateur et Conducteur de notre vie. Son plan pour nous est toujours le meilleur même s'il nous soumet au traitement du méchant qui ne dure qu'un temps.

"Voici donc trois degrés de charité envers des ennemis : les aimer, leur faire du bien, prier pour eux. Le dernier est celui qu'on croit pouvoir faire le plus aisément,

mais c'est pourtant le plus difficile, parce que c'est celui qu'on fait par rapport à Dieu. Rien ne doit être plus sincère, ni plus cordial, ni plus véritable, que ce qu'on présente à Celui qui voit tout jusqu'au fond du cœur." Bossuet.

CONCLUSION

« ...De ces deux commandements dépendent toute la loi et les prophètes ». Matthieu 22 :39-40

« Car toute la loi est accomplie dans une seule parole, dans celle-ci: Tu aimeras ton prochain comme toi-même. Mais si vous vous mordez et vous dévorez les uns les autres, prenez garde que vous ne soyez détruits les uns par les autres ». Galates 5 :13-15

L'amour est un code de conduite spirituel et il est un devoir qui résulte de la nouvelle nature reçue de de Dieu. Nous aimer les uns et les autres comme Jésus nous a aimés est dans plan de Dieu le moyen le plus sure pour la manifestation de son royaume sur la terre. Agape est l'amour que Dieu recommande, non seulement par une ordonnance comme d'une prescription externe mais plutôt comme mode vie par le don de Dieu le Saint Esprit.

Aimer s'exprime essentiellement à travers des attitudes et des actes, par la volonté et l'engagement à accomplir le bien.

Lorsque nous nous disposons à obéir à Dieu dans cette démarche d'aimer, la force nous vient de Dieu lui-même. En effet, quoique Dieu nous demande, il nous demande d'abord d'accepter, de croire pour y arriver. Car c'est par le Saint Esprit, que nous sommes rendu capables de tout acte divin, *« Ce n'est ni par la puissance ni par la force, mais c'est par mon esprit, dit l'Eternel des armées... »* Zacharie 4:6

Comme qu'ambassadeur du Christ, exerçons avec lui le ministère de la réconciliation dans l'amour avers tous. Comme Christ nous aime, et par Dieu le Saint Esprit, aimons-nous les uns les autres, et aimons ceux qui nous maltraitent.

« Ne devez rien à personne, si ce n'est de vous aimer les uns les autres ; car celui qui aime les autres a accompli la loi. 9. En effet, les commandements : Tu ne commettras point adultère, tu ne tueras point, tu ne déroberas point, tu ne convoiteras point, et s'il y a quelque autre commandement, se résument dans cette parole : Tu aimeras ton prochain comme toi-même. 10. L'amour ne fait point de mal au prochain ; l'amour est donc l'accomplissement de la loi ».

Romains 13.8 à 13.10

Printed by Books on Demand GmbH, Norderstedt / Germany